9급 계리직 시험대비

박문각 공무원 문제집

서호성 계리직 예금일반

서호성 편저

- 주요 기출&예상문제 단원별 완벽 총정리
- 명쾌한 해설과 깔끔한 오답 분석
- 이론의 빈틈을 없애는 체계적인 개념 설명

동영상 강의 www.pmg.co.kr

기출& 예상문제집

서호성 계리직 예금일반

기출&예상문제집

이 책의 머리말
PREFACE

안녕하세요. 경제 & 금융 전문 서호성입니다.
박문각에서 계리직 예금, 보험 과목을 담당하게 되었습니다.
계리직 예금과목을 가르치는 저의 생각은 두 가지로 말씀드릴 수 있습니다.

첫째, "예금과목은 이론이기 이전에 우리가 삶에서 가져야 할 소양이다."
계리직 예금과목을 깊이 있는 이론으로 접근하면 매우 어렵습니다. 그러나 생각을 조금만 바꾸면 계리직 공무원이 되기 이전에 해당 과목은 우리의 삶을 경제적으로 윤택하게 하는 데 매우 필요한 기본소양입니다. 따라서 해당 학습의 필요성을 스스로 느끼게 된다면 즐겁게 공부할 수 있는 과목입니다. 저도 여러분이 충분히 이해될 수 있도록 다양한 사례를 통해 이해시켜 드리겠습니다.

둘째, "모두 아는 것이 중요한 것이 아니라 시험에 나오는 것을 아는 것이 중요하다. "
수험생들이 객관식 시험을 준비하면서 다양한 내용을 읽어본 것을 중시하는 분들을 많이 보았습니다. 단언컨대 시험에 나오는 내용은 정해져 있습니다. 수업과 교재를 통해 시험에 나오는 것들을 중심으로 기본개념에서 고난이도까지 단계별 학습을 통해 고득점을 확보해 드리겠습니다.

이 두 가지 목표에 도달하기 위해 계리직 예금 교재를 집필하게 되었습니다. 이 교재의 특징은 다음과 같습니다.

1. 핵심 지문을 o, x 문제를 통한 확인
중요 주제의 핵심지문을 o, x로 담았습니다. 핵심 지문의 옳고 그름을 판단함으로써 시험에 나올 수 있는 중요 문장을 미리 점검하도록 하였습니다.

2. 기출문제와 예상문제를 토픽별로 수록하였습니다.
중요 주제의 핵심지문 o, x 이후에 해당 문제가 어떻게 나오는가를 보여드리기 위해서 기출문제와 엄선된 예상문제를 수록하였습니다.

가르치는 사람으로서 가장 행복한 순간은 수험생 여러분들이 스스로 어렵다고 생각했던 예금과목이 함께 학습하면서 해볼 만한 재미있는 과목이라는 표정이 얼굴에서 드러날 때입니다. 저와 여러분들이 함께 노력한다면 계리직 예금은 여러분의 통과점에 지나지 않을 것이라고 단언하여 말씀드리겠습니다.

이 책을 출간하면서 많은 도움을 주신 박문각 출판사 관계자분들과 계리직 교수님들께 진심으로 감사드립니다.

오늘도 하루하루 열심히 준비하시는 여러분들을 마음속으로 언제나 응원하겠습니다.

연구실에서
서호성

이 책의 차례
CONTENTS

Part 03 우체국 금융상품

서호성 계리직 예금일반
기출&예상문제집

금융개론

Chapter 01

금융경제 일반

Step 01 OX로 핵심잡기

topic 1 국민경제의 순환과 금융의 역할

01 정부는 규율과 정책의 주체이다. ( )

02 생산요소는 원재료, 중간재와 동일하게 어느 생산과정에 투입된 후에도 소멸되지 않고 다음 회차의 생산과정에 다시 재투입될 수 있다. ( )

03 본원적 생산요소로는 노동, 자본, 토지가 된다. ( )

04 국민소득 3면 등가의 법칙은 생산국민소득 = 분배국민소득 = 지출국민소득을 의미한다. ( )

05 국민경제의 순환은 스톡(stock)의 개념이다. ( )

06 금융기관은 그 자신이 최종적인 자금수요자 또는 자금공급자가 되는 것이다. ( )

07 상업적 유통은 금융기관을 경유하지 않는 금융형태를 의미한다. ( )

08 금융적 유통의 대표적 사례로는 기업금융 중 외상매출 및 외상매입 등 기업 간의 신용이나 주식의 발행 등이 있다. ( )

09 금융의 역할에는 자금거래 중개, 거래비용 절감, 지급결제 수단 제공, 가계에 대한 자산관리 수단 제공, 자금의 효율적인 배분, 금융위험 관리 수단 제공 등이 있다. ( )

topic 2 주요경제지표

10 통상자금에 대한 수요가 늘어나면 금리는 상승하고 반대로 자금공급이 늘어나면 금리는 하락한다. ( )

11 물가가 오를 것으로 예상되면 금리는 하락하게 된다. ( )

12 금리상승으로 기업의 자금조달비용이 올라가면 상품가격이 상승할 수도 있다. ( )

13 금리상승으로 가계소비와 기업투자 증가를 가져와 경제 전체적으로 보면 물품수요 증가로 인해 물가가 상승할 가능성이 크다. ( )

14 표면금리가 동일한 예금, 대출이라도 단리, 복리 등의 이자계산 방법 등에 따라 실효금리는 달라질 수 있다. ( )

정답 및 해설

01 ○

02 × 어느 생산과정에 투입된 후에도 소멸되지 않고 다음 회차의 생산과정에 다시 재투입될 수 있음 → 원재료, 중간재와 다르다.

03 × 본원적 생산요소는 원래 존재하는 것으로 노동과 토지이다. 자본은 생산과정에서 생산된 산출물 중에서 소비되지 않고 다시 생산과정에 투입되어 부가가치를 생산하는 생산요소로서의 기능을 가진다. 즉 생산된 생산요소(produced means of production)로서의 특징을 가진다.

04 ○

05 × 국민경제의 순환은 일정한 시간의 흐름 상에서 나타나는 유동적인 경제활동을 의미하므로 플로우(flow)의 개념이지(회계상의 개념으로 보면 1년간의 손익계산서) 대차대조표와 같이 축적된 양을 나타내는 스톡(stock)의 개념은 아니다.

06 × 금융기관은 그 자신이 최종적인 자금수요자 또는 자금공급자가 되는 것이 아니라 다른 세 주체 간 금융의 중개기능을 수행한다.

07 ○

08 × 위의 사례는 상업적 유통이며 금융적 유통에는 단기·장기의 은행차입과 상업어음의 할인 등이 있다.

09 ○

10 ○

11 × 물가가 오를 것으로 예상되면 돈을 빌려주는 사람은 같은 금액의 이자를 받는다 하더라도 그 실질가치가 떨어지므로 더 높은 금리를 요구하게 되어 금리는 상승하게 된다.

12 ○

13 × 금리상승으로 가계소비와 기업투자 위축을 가져와 경제 전체적으로 보면 물품수요 감소로 인해 물가가 하락할 가능성이 크다.

14 ○

15 100만 원짜리 채권을 지금 10만 원 할인된 90만 원에 사고 1년 후 100만 원을 받는 경우 할인율은 11.1%이고 수익률은 10%이다. ( )

16 금융시장에서 일반적으로 사용하는 이자율 또는 금리는 할인율 개념이므로 수익률로 표기된 경우에는 정확한 금리 비교를 위하여 할인율로 전환하여 사용할 필요가 있다. ( )

17 기준금리는 금융통화위원회(금통위)의 의결을 거쳐 결정하는 정책금리이다. ( )

18 콜금리, 환매조건부채권 금리, 기업어음 금리, 무기명인 양도성 예금증서의 금리 등은 단기금리이다. ( )

19 장기금리는 만기가 1년을 초과하는 금리로 국공채, 회사채, 금융채 등의 수익률이 포함된다. ( )

20 채권수익률은 채권 가격의 변동과 비례한다. ( )

21 기업이 투자를 하거나 개인이 예금을 하려고 할 때에는 명목금리가 얼마인가에 관심 가진다. ( )

22 우리나라는 '미화 1달러에 몇 원'식으로 외국 화폐 1단위에 상응하는 원화 가치를 환율로 표시하는 자국통화표시법을 사용하고 있다. ( )

23 우리나라는 과거에는 고정환율제도를 사용했으나 1997년 IMF 외환위기 이후에 사용하지 않고 있다. ( )

24 원/달러 환율이 상승하면 우리나라의 수출이 유리하다. ( )

25 장내유통시장으로 유가증권시장, 코스닥시장, 코넥스시장, K-OTC시장이 있다. ( )

26 주가는 이자율에 반비례한 경향이 있다. ( )

27 코스피 지수와 달리 코스닥 지수는 시가총액식 주가지수를 이용한다. ( )

28 코스피 200지수는 최대주주지분, 자기주식, 정부지분 등을 포함한 시가총액을 합산하여 계산한다. ( )

29 KRX100지수(Korea Exchange 100)는 유가증권시장과 코스닥시장의 우량종목을 고루 편입한 통합주가지수로서 유가증권시장 90개, 코스닥시장 10개 등 총 100개 종목으로 구성된다. ( )

30 MSCI에 편입되는 것 자체가 투자가치가 높은 우량기업이라는 의미로 해석되기도 하여 주가상승의 모멘텀이 작용하기도 한다. ( )

31 거래량이 증가하면 주가가 하락하는 경향이 있고 거래량이 감소하면 주가가 상승하는 경향이 있다. ( )

topic 3 금융시장

32 금융시장에서 자금수요자는 주로 기업이며 자금공급자는 주로 개인들이다. ( )

33 직접금융은 본원적 증권, 간접금융은 제2차 증권이다. ( )

정답 및 해설

15 × 100만 원짜리 채권을 지금 10만 원 할인된 90만 원에 사고 1년 후 100만 원을 받는 경우 할인율은 10만 원/100만 원 = 0.1이고 수익률은 10만 원/90만 원이므로 약 11.1%이다.
16 × 금융시장에서 일반적으로 사용하는 이자율 또는 금리는 수익률 개념이므로 할인율로 표기된 경우에는 정확한 금리 비교를 위하여 수익률로 전환하여 사용할 필요가 있다.
17 ○
18 ○
19 ○
20 × 채권수익률은 채권 가격의 변동과 반비례한다.
21 × 우리가 돈을 빌리고 빌려줄 때에는 보통 명목금리로 이자를 계산하지만 실제로 기업이 투자를 하거나 개인이 예금을 하려고 할 때에는 실질금리가 얼마인가에 관심 가진다.
22 ○
23 ○
24 ○
25 × 장내유통시장 : 유가증권시장, 코스닥시장, 코넥스시장
장외유통시장 : K-OTC시장
26 ○
27 × 코스피 지수와 코스닥 지수 모두 시가총액식 주가지수를 이용한다.
28 × 코스피 200지수는 최대주주지분, 자기주식, 정부지분 등을 제외한 유동주식만의 시가총액을 합산하여 계산한다.
29 ○
30 ○
31 × 거래량이 증가하면 주가가 상승하는 경향이 있고 거래량이 감소하면 주가가 하락하는 경향이 있다.
32 ○
33 ○

34 금융시장이 발달하면 금융자산의 환금성이 높아지고 유동성 프리미엄이 높아짐으로써 자금수요자의 차입비용이 줄어들게 된다. ( )

35 신용카드회사와 같은 여신전문금융회사가 제공하는 현금서비스나 판매신용은 대출시장에 포함되지 않는다. ( )

36 외환시장은 외환의 수요와 공급에 따라 외화자산이 거래되는 시장으로 전형적인 점두시장의 하나이다. ( )

37 단기금융시장(money market)은 자금시장이고 장기금융시장은 자본시장(capital market)이다. ( )

38 양도성 예금증서는 정기예금에 양도성을 부여한 예금증서로 기업어음과 마찬가지로 할증방식으로 발행된다. ( )

39 채무증서의 만기는 통상 1년 이내의 단기, 1년과 10년 사이의 중기, 10년 이상의 장기로 구분한다. ( )

40 주식이 채권보다 기업부도 발생에 따른 위험이 더 크다. ( )

41 정부가 국고채를 발행할 때에는 국고채 전문딜러(PD; Primary Dealer)가 경쟁 입찰에 독점적으로 참여한다. ( )

42 장내시장은 점두시장에서 거래하는 방식으로 이루어진다. ( )

정답 및 해설

34 × 금융시장이 발달하면 금융자산의 환금성이 높아지고 유동성 프리미엄이 낮아짐으로써 자금수요자의 차입비용이 줄어들게 된다.
35 × 신용카드회사와 같은 여신전문금융회사가 제공하는 현금서비스나 판매신용도 대출시장에 포함된다.
36 ○
37 ○
38 × 양도성 예금증서는 정기예금에 양도성을 부여한 예금증서로 기업어음과 마찬가지로 할인방식으로 발행된다.
39 ○
40 ○
41 ○
42 × 장외시장은 점두시장에서 거래하는 방식으로 이루어진다.

Step 02 객관식으로 실전연습

01 다음은 경제주체에 대한 설명이다. 옳지 않은 것은?

① 가계는 생산요소인 노동, 자본, 토지를 제공하며, 그 결과로 얻은 소득을 소비하거나 저축을 한다.
② 기업은 노동, 자본, 토지라는 생산요소를 투입하여 재화와 용역(서비스)을 생산한다.
③ 정부는 가계와 기업이 경제행위를 하는 방식을 규율하고 정책을 수립・집행한다.
④ 해외는 국외부문의 과부족을 수출입을 통하여 해결해 주는 주체이다.

02 다음 〈보기〉에서 옳은 것을 모두 고르시오.

보기

ㄱ. 본원적 생산요소는 노동과 자본이 있다.
ㄴ. 재화는 생존에 필수적인 물질이다.
ㄷ. 국민경제의 순환은 축적된 양을 나타내는 스톡(stock)의 개념이다.
ㄹ. 국민소득 3면 등가의 법칙은 생산국민소득 = 분배국민소득 = 지출국민소득이다.

① ㄱ, ㄴ
② ㄱ, ㄹ
③ ㄴ, ㄹ
④ ㄷ, ㄹ

정답 및 해설

01 ④ 해외는 국내부문의 과부족을 수출입을 통하여 해결해 준다.
02 ③ ㄱ. 본원적 생산요소는 노동과 토지가 있다.
ㄷ. 국민경제의 순환은 일정한 시간의 흐름 상에서 나타나는 유동적인 경제활동을 의미하므로 플로우(flow)의 개념이지(회계 상의 개념으로 보면 1년간의 손익계산서) 대차대조표와 같이 축적된 양을 나타내는 스톡(stock)의 개념은 아니다.

03 〈보기〉는 민간 경제주체 간 화폐의 흐름을 나타낸 것이다. 이에 대한 설명으로 가장 옳은 것은? (단, A와 B는 경제주체이다.)

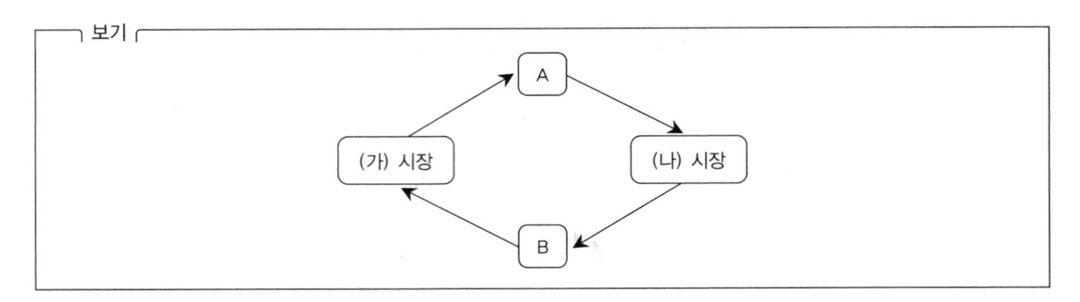

① A가 가계라면 임금은 ㈏ 시장에서 결정된다.
② B가 기업이라면 ㈎ 시장에서 재화와 서비스가 거래된다.
③ B가 효용 극대화를 추구하는 경제주체라면 ㈏ 시장에서 기업은 수요자 역할을 담당한다.
④ ㈏ 시장에서 생산물이 거래된다면 A는 이윤 극대화를 추구하는 경제주체이다.

04 금융에 대한 설명으로 옳지 않은 것은?

① 금융활동의 주체는 경제주체인 가계・기업・정부에 금융회사를 추가하여 네 부문으로 나눌 수 있다.
② 금융기관은 그 자신이 최종적인 자금수요자 또는 자금공급자가 되는 것이 아니라 다른 세 주체 간 금융의 중개기능을 수행한다.
③ 상업적 유통은 금융기관을 경유하지 않는 금융형태이다.
④ 금융적 유통은 기업금융 중 외상매출 및 외상매입 등 기업 간의 신용이나 주식의 발행 등이다.

05 금융의 역할로 옳지 않은 것은?

① 금융은 여윳돈이 있는 사람들의 돈을 모아서 돈이 필요한 사람들에게 이전해 주는 자금의 중개기능을 수행한다.
② 금융거래를 금융회사에 요청하면 금융회사가 필요한 금융서비스를 제공해 주므로 비용과 시간 등 거래비용을 획기적으로 줄여준다.
③ 금융은 지출에 비해 소득이 많을 때에는 돈을 운용할 기회를 마련해 주고, 지출이 많을 때에는 돈을 빌려주는 등 개인들의 자금사정에 따른 자산관리 수단을 제공해 준다.
④ 금융은 그런 불확실성이나 위험을 적절히 집중시키거나 해소할 수 있는 수단을 제공한다.

06 **금리에 대한 설명으로 옳지 않은 것은?**

① 돈의 사용대가를 이자라고 하며, 기간 당 원금에 대한 이자의 비율을 이자율 또는 금리라고 한다.
② 보통 연간 이자액의 원금에 대한 비율을 이자율이라고 한다.
③ 미래소비를 포기한 대가이다.
④ 이자는 금융거래를 하고 일정기간이 지나야 발생하므로 돈의 시간가치라고도 한다.

07 **금리의 결정에 대해 옳은 것은?**

① 자금공급은 주로 가계소비, 기업투자 등에 영향을 받고 자금수요는 가계의 저축, 한국은행의 통화정책 등에 영향을 받는다.
② 통상자금에 대한 수요가 늘어나면 금리는 하락하고 반대로 자금공급이 늘어나면 금리는 상승한다.
③ 물가가 오를 것으로 예상되면 돈을 빌려주는 사람은 같은 금액의 이자를 받는다하더라도 그 실질가치가 떨어지므로 더 높은 금리를 요구하게 되어 금리는 하락하게 된다.
④ 차입자의 신용과 돈을 빌리는 기간 등에 따라 그 수준이 달라지는데 빌려준 돈을 못 받을 위험이 클수록, 그리고 차입 기간이 길수록 금리가 높은 것이 일반적이다.

정답 및 해설

03 ③ 효용 극대화를 추구하는 경제주체는 가계이다. B가 가계라면 ㈎가 생산물 시장 ㈏ 시장이 생산요소 시장이다. 생산요소 시장에서 시장에서 기업은 수요자 역할을 담당한다.

오답체크

① A가 가계라면 ㈏는 생산물 시장이다. 임금은 생산요소 시장인 ㈎ 시장에서 결정된다.
② B가 기업이라면 ㈎ 시장은 생산요소 시장이 된다. 재화와 서비스는 생산물 시장에서 거래 된다.
④ ㈏ 시장에서 생산물이 거래된다면 생산물 시장이다. 생산물 시장에 화폐를 제공하는 A는 가계로 효용극대화를 추구하는 경제주체이다.

04 ④ 상업적 유통은 기업금융 중 외상매출 및 외상매입 등 기업 간의 신용이나 주식의 발행 등이다. 금융적 유통은 금융기관을 경유하는 금융형태로 단기·장기의 은행차입과 상업어음의 할인 등이 해당한다.

05 ④ 금융은 그런 불확실성이나 위험을 적절히 분산시키거나 해소할 수 있는 수단을 제공한다.

06 ③ 현재소비를 포기한 대가이다.

07 ④

오답체크

① 자금수요는 주로 가계소비, 기업투자 등에 영향을 받고 자금공급은 가계의 저축, 한국은행의 통화정책 등에 영향을 받는다.
② 통상자금에 대한 수요가 늘어나면 금리는 상승하고 반대로 자금공급이 늘어나면 금리는 하락한다.
③ 물가가 오를 것으로 예상되면 돈을 빌려주는 사람은 같은 금액의 이자를 받는다 하더라도 그 실질가치가 떨어지므로 더 높은 금리를 요구하게 되어 금리는 상승하게 된다.

08 **금리에 대한 설명으로 옳지 않은 것은?** 18. 계리직

① 명목금리는 실질금리에서 물가상승률을 뺀 금리이다.
② 채권 가격이 내려가면 채권수익률은 올라가고, 채권 가격이 올라가면 채권수익률은 내려간다.
③ 표면금리는 겉으로 나타난 금리를 말하며 실효금리는 실제로 지급받거나 부담하게 되는 금리를 뜻한다.
④ 단리는 원금에 대한 이자만 계산하는 방식으로, 복리는 원금에 대한 이자뿐만 아니라 이자에 대한 이자도 함께 계산하는 방식이다.

09 **금리에 대한 설명으로 옳은 것은?** 08. 계리직

① 명목금리는 물가 상승에 따른 구매력의 변화를 감안한 금리이다.
② 실질 이자소득은 같은 금리 수준에서 물가상승률이 낮을수록 늘어나게 된다.
③ 단리·복리 등의 이자계산방법이나 이자에 대한 세금의 부과 여부 등에 관계 없이 표면금리와 실효금리는 동일하다.
④ 채권 가격이 떨어지면 채권수익률은 떨어지게 되고, 채권 가격이 오르면 채권수익률은 올라가게 된다.

10 **〈보기〉에서 기준금리에 대한 설명으로 옳은 것을 모두 고른 것은?** 24. 계리직

보기

ㄱ. 시중에 풀린 돈의 양을 조절하기 위해 금융통화위원회의 의결을 거쳐 결정하는 정책금리이다.
ㄴ. 기준금리 변경은 예금, 대출 금리 등에 영향을 주지만 부동산, 외환 등 자산가격에는 영향을 미치지 않는다.
ㄷ. 통상적으로 경기 침체 양상을 보이면 기준금리를 인하하고 경기 과열 양상을 보이면 기준금리를 인상한다.
ㄹ. 일반적으로 기준금리를 인하하면 물가가 하락하고 기준금리를 인상하면 물가가 상승한다.

① ㄱ, ㄴ　　② ㄱ, ㄷ
③ ㄴ, ㄹ　　④ ㄷ, ㄹ

11 〈보기〉에서 금리의 변동방향에 대한 설명으로 옳은 것을 모두 고른 것은?

보기

ㄱ. 금리가 오르면 저축으로 얻을 수 있는 이자 소득이 증가하므로 현재의 소비를 줄이는 대신 미래의 소비를 위해 저축을 증가시킨다.

ㄴ. 금리상승은 가계소비와 기업투자 위축을 가져와 경제 전체적으로 보면 물품수요 감소로 인해 물가가 하락할 가능성이 크다.

ㄷ. 국내금리보다 해외금리가 더 낮아지면 더 높은수익을 좇아 국내자금이 외국으로 유출되거나 외국으로부터의 자금유입이 줄어든다.

ㄹ. 물가가 오르면 명목금리는 상승하고 실질금리는 하락한다.

① ㄱ, ㄴ
② ㄱ, ㄷ
③ ㄴ, ㄹ
④ ㄷ, ㄹ

정답 및 해설

08 ① 금리는 돈의 가치 변동에 따라, 즉 물가 변동 고려 여부에 따라 명목금리와 실질금리로 구분할 수 있다. 명목금리는 물가 상승에 따른 구매력의 변화를 감안하지 않은 금리이며, 실질금리는 명목금리에서 물가상승률을 뺀 금리이다.

09 ②

오답체크

① 명목금리는 물가 상승에 따른 구매력의 변화를 감안하지 않은 금리이다. 실질금리는 명목금리에서 물가상승률을 뺀 금리이다.

③ 표면금리는 겉으론 나타난 금리를 말하며, 실효금리는 실제로 지급받거나 부담하게 되는 금리를 말한다. 표면금리가 동일한 예금이자라도 단리·복리 등의 이자계산방법이나 이자에 대한 세금의 부과 여부 등에 따라 표면금리와 실효금리는 달라진다.

④ 채권수익률은 채권 가격의 변동과 반대 방향으로 움직인다.

10 ② ㄴ. 기준금리 변경은 예금, 대출 금리, 부동산, 외환 등에 모두 영향을 미친다.
ㄹ. 일반적으로 기준금리를 인하하면 물가가 상승하고 기준금리를 인상하면 물가가 하락한다.

11 ① ㄷ. 국내금리보다 해외금리가 더 높아지면 더 높은수익을 좇아 국내자금이 외국으로 유출되거나 외국으로부터의 자금유입이 줄어든다.
ㄹ. 물가가 오르면 명목금리는 상승하고 실질금리는 명목금리 − 물가상승률이므로 양자의 크기에 따라 결정되므로 반드시 하락한다고 할 수 없다.

12 〈보기〉에서 시장금리에 대한 설명으로 옳은 것을 모두 고른 것은?

보기
ㄱ. 단기금리로는 콜금리, 환매조건부채권(RP) 금리, 기업어음(CP) 금리, 무기명인 양도성 예금증서(CD)의 금리 등이 있다.
ㄴ. 장기금리로는 국공채, 회사채, 금융채 등의 수익률이 포함된다.
ㄷ. 일반적으로 단기금리가 장기금리보다 높다.
ㄹ. 신용평가회사로는 Moody's, S&P, 골드만 삭스 등 세계 3대 신용평가사와 우리나라의 NICE 신용평가, 한국기업평가, 한국신용평가 등이 대표적이다.

① ㄱ, ㄴ　　② ㄱ, ㄷ
③ ㄴ, ㄹ　　④ ㄷ, ㄹ

13 〈보기〉의 (　　)에 들어갈 내용을 바르게 짝지은 것은? 24. 계리직

보기
(가) 외화가 국내로 유입되면 환율이 (　　)한다.
(나) 환율 상승은 원화(　　)(이)라고도 한다.
(다) 우리나라는 (　　)으로 환율을 표시하고 있다.

	(가)	(나)	(다)
①	상승	평가절상	자국통화표시법
②	하락	평가절하	자국통화표시법
③	하락	평가절하	외국통화표시법
④	상승	평가절상	외국통화표시법

14 변동환율제도를 채택한 개방경제에서, 〈보기〉 중 이 경제의 통화가치를 하락시키는(환율 상승) 경우를 모두 고른 것은? 19. 서울시 7급

보기
ㄱ. 원유 수입액의 감소
ㄴ. 반도체 수출액의 증가
ㄷ. 외국인의 국내주식 투자 위축
ㄹ. 자국 은행의 해외대출 증가

① ㄱ, ㄷ　　② ㄱ, ㄹ
③ ㄴ, ㄷ　　④ ㄷ, ㄹ

15 다음에 대한 설명으로 옳지 않은 것은?

> 100만 원짜리 채권을 지금 10만 원 할인된 90만 원에 사고 1년 후 100만 원을 받는 경우

① 할인율 > 수익률
② 할인율 < 수익률
③ 할인율 = 수익률
④ 양자를 비교할 수 없다.

16 〈보기〉와 같이 조건이 주어진 각 상품에 대한 설명으로 옳은 것은? 16. 계리직

> 보기
> 액면가와 가입금액은 1억 원, 만기는 1년으로 동일하며, 금리는 세전이율 기준이다(단, 물가상승률은 1.60%).
> ㉠ ○○전자회사채 : 수익률 1.75%
> ㉡ ○○유통회사채 : 할인율 1.75%
> ㉢ ○○은행정기예금 : 이자율 1.75%

① ㉠은 ㉡보다 표면금리가 높다.
② ㉠은 ㉢보다 실질금리가 높다.
③ ㉡은 ㉠보다 이자금액이 많다.
④ ㉡은 ㉢보다 수익률이 높다.

정답 및 해설

12 ① ㄷ. 일반적으로 단기금리가 장기금리보다 낮다.
ㄹ. 신용평가회사로는 Moody's, S&P, Fitch IBCA 등 세계 3대 신용평가사와 우리나라의 NICE신용평가, 한국기업평가, 한국신용평가 등이 대표적이다. 골드만 삭스는 신용평가회사가 아니다.

13 ② (가) 외화가 국내로 유입되면 외환의 공급이 증가하여 환율이 하락한다.
(나) 환율 상승은 1$ = 1,000원 → 1$ = 2,000원이 된 것이므로 원화가치 하락이라고도 한다.
(다) 우리나라는 1$ = 1,000원으로 자국통화 표시법으로 환율을 표시하고 있다.

14 ④ 통화가치를 하락시키는 경우는 환율이 상승하는 것으로 외화수요가 증가하거나 외회공급이 감소하는 경우이다.
오답체크
ㄱ. 원유 수입액의 감소하면 외화의 수요가 감소하여 환율이 하락한다.
ㄴ. 반도체 수출액의 증가는 외화공급을 증가시켜 환율이 하락한다.

15 ② 100만 원짜리 채권을 지금 10만 원 할인된 90만 원에 사고 1년 후 100만 원을 받는 경우 할인율은 10만 원/100만 원 = 0.1이고 수익률은 10만 원/90만 원이므로 약 11.1%이다.

16 ④ 숫자를 단순하게 변형하여 설명하기 위해 ㉡의 할인율과 ㉢의 이자율을 동일하게 1.75%가 아닌 10%로 채권가격을 1억 원이 아닌 100만 원이라고 가정하자. ㉡은 채권을 10% 할인하여 90만 원에 구매한 것이다. 따라서 ㉡의 수익률은 수익률 = 이자금액/채권가격이므로 (10만 원 ÷ 90만 원) × 100 = 11.1%이고, ㉢의 수익률은 (10만 원 ÷ 100만 원) × 100 = 10%이다. 따라서 ㉡은 ㉢보다 수익률이 높다.
오답체크
① 표면금리는 겉으로 나타난 금리를 말한다. ㉠의 수익률과 ㉡의 할인율은 각각 1.75%이므로 표면금리가 동일하다.
② 실질금리는 명목금리에서 물가상승률을 뺀 것이다. ㉠의 수익률과 ㉢의 이자율 1.75%에서 물가상승률 1.60%를 빼면 0.15%로, 실질금리가 동일하다.
③ 숫자를 단순하게 변형하여 설명하기 위해 ㉡의 할인율과 ㉢의 이자율을 동일하게 1.75%가 아닌 10%로 채권가격을 1억 원이 아닌 100만 원이라고 가정하자. ㉠은 100만 원짜리 채권을 지금 산 뒤 1년 후 원금 100만 원과 이자금액 10만 원을 받게 된다. ㉡은 100만 원짜리 채권을 지금 10만 원 할인된 가격인 90만 원에 사고 1년 후 원금 90만 원과 이자금액 10만 원을 받는 것과 동일하다. 즉, ㉠과 ㉡의 이자금액은 10만 원으로 동일하다.

17 다음 〈보기〉에서 옳은 것을 모두 고르시오.

보기

ㄱ. 주가는 명목이자율에 비례하는 경향이 있다.
ㄴ. 코스피지수는 단순가격평균방식 주가지수를 사용한다.
ㄷ. 해당 종목이 MSCI에 편입되는 것 자체가 투자가치가 높은 우량기업이라는 의미로 해석되기도 하여 주가상승의 모멘텀이 작용하기도 한다.
ㄹ. 코스피 200지수는 최대주주지분, 자기주식, 정부지분 등을 포함한 유동주식의 시가총액을 합산하여 계산한다.

① ㄱ, ㄴ ② ㄱ, ㄷ
③ ㄴ, ㄷ ④ ㄷ, ㄹ

18 〈보기〉에서 우리나라 주가지수에 대한 설명으로 옳은 것을 모두 고른 것은?

보기

ㄱ. 코스닥지수는 유가증권시장에 상장되어 있는 모든 종목을 대상으로 산출되는 대표적인 종합주가지수이다.
ㄴ. 코스닥 지수는 1996년 7월 1일을 기준시점으로 이날의 주가지수를 1,000으로 한다.
ㄷ. 코스피 200지수는 최대주주지분, 자기주식, 정부지분 등을 포함한 시가총액을 합산하여 계산한다.
ㄹ. KRX100지수는 최대주주지분, 자기주식, 정부지분 등을 제외한 유동주식만의 시가총액을 합산하여 계산한다.

① ㄱ, ㄴ ② ㄱ, ㄷ
③ ㄴ, ㄹ ④ ㄷ, ㄹ

19 여러 가지 주가지수에 대한 설명으로 옳지 않은 것은?

① MSCI지수는 모건스탠리의 자회사인 Barra가 제공하며, 전 세계 투자기관의 해외투자 시 기준이 되는 대표적인 지수로 특히 미국계 펀드가 많이 사용한다.
② FTSE100은 영국의 100개 상장기업을 대상으로 하는 대표적인 영국의 주식시장지수이다.
③ 다우존스 산업평균지수(DJIA; Dow Jones Industrial Average)는 경제 전반에 걸쳐 대표적인 30개 대형 제조업 기업들의 주식들로 구성, 가중가격 평균방식, 월스트리트 저널에서 작성하여 발표한다.
④ 일본의 니케이(Nikkei Stock Average Index)지수, 홍콩의 항셍(Hang Seng Index) 지수를 사용한다.

20 **주가와 거래량에 관련된 설명으로 옳지 않은 것은?**

① 주가는 기업의 영업실적에 비례한다.
② 주가는 일반적으로 이자율에 반비례한다.
③ 경제전망이 긍정적일수록 거래량이 늘어난다.
④ 거래량이 증가하면 주가가 하락하는 경향이 있다.

21 **금융시장의 기능에 대한 설명으로 옳지 않은 것은?** 22. 계리직

① 소비 주체인 가계 부문에 적절한 자산운용 및 차입 기회를 제공하여 자신의 시간선호에 맞게 소비 시기를 선택할 수 있게 함으로써 소비자 효용을 증진시킨다.
② 유동성이 높은 금융자산일수록 현금 전환 과정에서의 예상 손실 보상액에 해당하는 유동성 프리미엄도 높다.
③ 차입자의 재무 건전성을 제고하기 위해 시장참가자는 당해 차입자가 발행한 주식 또는 채권 가격 등의 시장선호를 활용하여 감시 기능을 수행한다.
④ 금융시장이 발달할수록 금융자산 가격에 반영되는 정보의 범위가 확대되고 정보의 전파속도로 빨라지는 것이 일반적이다.

정답 및 해설

17 ② ㄴ. 코스피지수는 시가총액식 주가지수를 사용한다.
ㄹ. 코스피 200지수는 최대주주지분, 자기주식, 정부지분 등을 제외한 유동주식만의 시가총액을 합산하여 계산한다.

18 ③ ㄱ. 코스피지수는 유가증권시장에 상장되어 있는 모든 종목을 대상으로 산출되는 대표적인 종합주가지수이다.
ㄷ. 코스피 200지수는 최대주주지분, 자기주식, 정부지분 등을 제외한 유동주식만의 시가총액을 합산하여 계산한다.

19 ③ 다우존스 산업평균지수(DJIA; Dow Jones Industrial Average)는 경제 전반에 걸쳐 대표적인 30개 대형 제조업 기업들의 주식들로 구성되며, 단순가격 평균방식, 월스트리트 저널에서 작성하여 발표한다.

20 ④ 주가가 상승하는 강세장에서는 주가가 지속적으로 상승할 것으로 예상하는 매수 세력이 크게 늘어나 거래량이 증가하는 반면에 주가가 하락하는 약세장에서는 거래량이 감소하는 경향을 보인다.

21 ② 유동성 프리미엄은 환금성이 떨어지는 금융자산을 매입할 경우 해당 자산을 현금으로 전환하는 데 따른 손실이 예상됨에 따라 요구되는 일정한 보상을 의미한다. 환금성이 낮을수록 유동성 프리미엄이 높다.

22 금융시장에 대한 설명으로 옳지 않은 것은?

① 직접금융은 기업들이 원하는 금액의 자금을 장기로 조달할 수 있는 장점이 있어 장기설비 투자를 위한 자금 조달에 용이하다.
② 본원적 증권(primary security)은 경제주체 중 금융기관을 포함한 차입자가 발행하는 금융 자산이다.
③ 간접금융(indirect finance)은 금융중개기관이 대출자와 차입자간에 자금융통을 매개하는 방식이다.
④ 금융중개기관은 최종적인 차입자에게 자금을 공급하여 본원적 증권을 구입하게 하는 한편 자신에 대한 청구권(정기예금증서 등)을 발행하여 최종적인 대출자로부터 자금을 조달함으로써 최종적인 차입자와 대출자를 중개한다.

23 단기금융시장과 장기금융시장(= 자본시장)에 대하여 〈보기〉에서 옳은 것을 모두 고르시오.

보기
ㄱ. 단기금융시장으로 콜시장, 기업어음은 포함되나 양도성 예금증서는 포함되지 않는다.
ㄴ. 양도성 예금증서는 정기예금에 양도성을 부여한 예금증서로 기업어음과 마찬가지로 할증방식으로 발행된다.
ㄷ. 장기금융시장은 주로 기업, 금융기관, 정부 등이 장기자금을 조달하는 시장으로 자본시장이라고도 하며 주식시장과 채권시장 등이 여기에 속한다.
ㄹ. 단기금융시장과 자본시장은 중앙은행의 통화정책 효과가 파급되는 경로로서의 역할을 한다.

① ㄱ, ㄴ
② ㄱ, ㄹ
③ ㄴ, ㄷ
④ ㄷ, ㄹ

24 발행시장과 유통시장에 대한 설명으로 옳지 않은 것은?

① 발행시장(primary market)은 기업, 정부, 공공기관 등 자본을 수요로 하는 발행주체가 단기금융상품이나 채권, 주식 등 장기금융상품이 신규로 발행하여 이를 일반투자자에게 매각함으로써 장기적인 자본을 조달하는 시장이다.
② 발행시장에서 증권의 발행은 그 방식에 따라 직접발행과 인수기관이 중심적인 역할을 수행하는 간접발행으로 구분한다.
③ 우리나라에서는 회사채 또는 주식을 공모방식으로 발행할 때 주로 한국은행이 인수기능을 수행한다.
④ 유통시장은 투자자가 보유중인 회사채나 주식을 쉽게 현금화할 수 있게 함으로써 당해 금융상품의 유동성을 높여주는 시장으로 거래소시장과 장외시장으로 구분된다.

25 〈보기〉에서 직접금융에 대한 설명으로 옳은 것을 모두 고른 것은?

보기

ㄱ. 금융중개기관이 대출자와 차입자간에 자금융통을 매개하는 방식이다.
ㄴ. 주식의 발행은 기업의 지배구조에 영향을 미치고, 회사채의 발행은 신용도에 따라서 높은 금리를 지불하거나 발행 자체가 어려울 수 있다는 문제점이 있다.
ㄷ. 제2차 증권(secondary security)으로 금융중개기관이 자신에 대해서 발행하는 청구권이다.
ㄹ. 직접금융은 기업들이 원하는 금액의 자금을 장기로 조달할 수 있는 장점이 있어 장기설비 투자를 위한 자금 조달에 용이하다.

① ㄱ, ㄴ
② ㄱ, ㄷ
③ ㄴ, ㄹ
④ ㄷ, ㄹ

26 금융시장의 기능으로 옳지 않은 것은?

① 금융시장은 가계부문에 여유자금을 운용할 수 있는 수단(금융자산)을 제공하고 흡수한 자금을 투자수익성이 높은 기업을 중심으로 기업부문에 이전시킴으로써 국민경제의 생산력을 향상시키는 것은 자원배분 기능이다.
② 다양한 금융상품을 제공함으로써 투자자가 분산투자를 통해 투자위험을 줄일 수 있도록 하는 것은 위험분산 기능이다.
③ 금융시장이 발달하면 금융자산의 환금성이 낮아지고 유동성 프리미엄이 높아짐으로써 자금수요자의 차입비용이 줄어들게 하는 높은 유동성(liquidity) 제공 기능을 한다.
④ 차입자의 건전성을 제고하기 위해 시장참가자가 당해 차입자가 발행한 주식 또는 채권 가격 등의 시장신호(market signal)를 활용하여 감시 기능을 수행하는 것은 시장규율 기능이다.

정답 및 해설

22 ② 본원적 증권(primary security)은 경제주체 중 금융기관 이외의 최종적인 차입자가 발행하는 금융자산이다.
23 ④ ㄱ. 단기금융시장으로 콜시장, 기업어음, 양도성 예금증서가 있다.
ㄴ. 양도성 예금증서는 정기예금에 양도성을 부여한 예금증서로 기업어음과 마찬가지로 할인방식으로 발행된다.
24 ③ 우리나라에서는 회사채 또는 주식을 공모방식으로 발행할 때 주로 증권회사가 인수기능을 수행한다.
25 ③ ㄱ. 직접금융은 자금의 최종적 차입자가 자금의 최종적인 대출자에게 주식이나 사채 등을 직접적으로 발행함으로써 자금을 조달하는 방식이다. 선지는 간접금융에 해당한다.
ㄷ. 본원적 증권(primary security) 즉, 경제주체 중 금융기관 이외의 최종적인 차입자가 발행하는 금융자산이다. 선지는 간접금융에 해당한다.
26 ③ 금융시장이 발달하면 금융자산의 환금성이 높아지고 유동성 프리미엄이 낮아짐으로써 자금수요자의 차입비용이 줄어들게 하는 높은 유동성(liquidity) 제공 기능을 한다.

27 **〈보기〉에서 단기자금시장과 장기자금시장에 대한 설명으로 옳은 것을 모두 고른 것은?**

보기

ㄱ. 단기금융시장과 달리 자본시장은 중앙은행의 통화정책 효과가 파급되는 경로로서의 역할을 한다.
ㄴ. 단기금융시장은 통화정책 이외에도 기대 인플레이션, 재정수지, 수급사정 등 다양한 요인에 의해 영향을 받기 때문에 통화정책과의 관계가 자본시장에 비해 간접적이고 복잡하다.
ㄷ. 단기금융상품은 만기가 짧아 금리변동에 따른 자본손실위험이 작은 반면 만기가 긴 채권의 경우는 금리변동에 따른 가격변동 위험이 크다.
ㄹ. 장기 금융시장의 주요 금융상품으로는 채권, 주식, 자산유동화증권 등이 있다.

① ㄱ, ㄴ
② ㄱ, ㄷ
③ ㄴ, ㄹ
④ ㄷ, ㄹ

28 **채무증서시장과 주식시장에 대한 설명 중 옳지 않은 것은?**

① 채무증서시장(debt market)은 차입자가 만기까지 일정한 이자를 정기적으로 지급할 것을 약속하고 발행한 채무증서(debt instrument)가 거래되는 시장이다.
② 주식시장은 채무증서와는 달리 주식으로 조달된 자금에 대해서는 원리금 상환의무가 없음
③ 주식은 채무증서보다 자산가치의 변동성이 작다.
④ 증권의 발행기업이 청산할 경우 채무증서 소유자는 우선변제권을 행사할 수 있는 반면 주주는 채무를 변제한 잔여재산에 대하여 지분권을 행사(residual claim)한다.

29 〈보기〉에서 거래소시장(= 장내시장)에 대한 설명으로 옳은 것을 모두 고른 것은?

보기

ㄱ. 거래정보 투명성
ㄴ. 거래정보 익명성
ㄷ. 점두시장
ㄹ. 개별적 접촉

① ㄱ, ㄴ
② ㄱ, ㄷ
③ ㄴ, ㄹ
④ ㄷ, ㄹ

정답 및 해설

27 ④ ㄱ. 단기금융시장과 자본시장은 중앙은행의 통화정책 효과가 파급되는 경로로서의 역할을 한다.
ㄴ. 자본시장은 통화정책 이외에도 기대 인플레이션, 재정수지, 수급사정 등 다양한 요인에 의해 영향을 받기 때문에 통화정책과의 관계가 단기금융시장에 비해 간접적이고 복잡하다.

28 ③ 주식은 채무증서보다 자산가치의 변동성이 크다. 채무증서 소유자는 이자 및 원금 등 고정된 소득을 받게 되므로 미래의 현금흐름이 안정적인데, 주주의 경우는 기업의 자산가치나 손익의 변동에 따라 현금흐름이 불안정적이다.

29 ① ㄱ, ㄴ. 거래소시장(exchange)은 시장참가자의 특정 금융상품에 대한 매수매도 주문(bid-ask order)이 거래소에 집중되도록 한 다음 이를 표준화된 거래규칙에 따라 처리하는 조직화된 시장으로 장내시장이라고도 한다. 거래정보가 투명하며, 거래의 익명성이 보장된다.
ㄷ, ㄹ. 장외시장은 특정한 규칙 없이 거래소 이외의 장소에서 당사자 간에 금융상품의 거래가 이루어지는 시장이다. 한국금융투자협회가 개설 · 운영하는 K-OTC시장(과거 비상장주식 장외매매시장인 '프리보드 시장'을 확대 · 개편)과 상장증권은 물론 비상장증권에 대하여 고객과 증권회사, 증권회사 상호 간 또는 고객 상호 간의 개별적인 접촉에 의해 거래가 이루어지는 비조직적 · 추상적 시장인 점두시장(OTC; over-the-counter market)으로 구분된다.

Chapter

02 금융회사와 금융상품

www.pmg.co.kr

Step 01 OX로 핵심잡기

topic 4 금융회사

01 시중은행은 영업지역을 기준으로 전국 어디에서나 영업이 가능한 은행으로 '24년 12월 기준 국내 은행 5개 사(국민 · 우리 · 신한 · 하나은행, iM뱅크)만 있으며 외국계 은행은 존재하지 않는다. ( )

02 특수은행으로는 한국산업은행, 한국수출입은행, IBK기업은행, NH농협은행, SH수협은행 등이 있다. ( )

03 상호저축은행은 전문적 서민 금융회사로서 서민들에 대한 금융 서비스 확대를 도모한다는 설립 취지에 맞추어 총여신의 일정비율 이상을 영업구역 내 개인 및 중소기업에 운용해야 한다. ( )

04 직장 · 지역 단위의 신용협동조합, 지역단위의 새마을금고, 농어민을 위한 협동조합인 농 · 수협 단위조합, 그리고 산림조합 등은 조합원에 대한 여수신을 통해 조합원 상호 간 상호부조를 목적으로 운영되는데 이를 상호금융이라고도 한다. ( )

05 SGI서울보증, 기술보증기금, 주택도시보증공사은 보증보험 전담회사이다. ( )

06 국내 재보험사업은 모든 보험사에서 영위하고 있다. ( )

07 투자매매업, 투자중개업, 집합투자업, 투자일임업, 투자자문업, 신탁업의 6가지 업종으로 구분하고 이 업종 중 전부 또는 일부를 담당하는 회사를 금융투자회사라고 부른다. ( )

08 리스 서비스는 소비자들이 자산관리의 부담이나 한꺼번에 많은 자금을 마련할 필요가 없다는 장점이 있다. ( )

09 할부금융회사는 상품 구매액을 초과하는 자금을 대출할 수 있다. ( )

10 금융지주회사는 주식(지분)의 소유를 통해 금융기관 또는 금융업의 영위와 밀접한 관련이 있는 회사를 지배하는 것을 주된 사업으로 한다. ( )

11 한국은행이 채택하고 있는 통화정책 운영체제는 물가안정목표제이다. ( )

12 물가안정목표제는 통화량 등의 중간목표 명시적으로 설정하고 있다. ( )

13 금융감독원은 정부조직산하의 특수법인이다. ( )

14 농협은행 및 수협은행 본·지점의 예금은 은행처럼 예금자보호법에 따라 예금자원금과 소정의 이자를 포함하여 1인당 5천만 원까지 보호되지만 농·수협 지역조합의 예금은 예금자 보호대상이 아니다. ( )

15 기업 등 법인의 예금, 정부의 예금 등도 개인예금과 마찬가지로 법인별로 5천만 원까지 보호된다. ( )

16 한국거래소는 증권 및 선물·옵션과 같은 파생상품의 공정한 가격형성과 거래의 원활화 및 안정화를 도모하기 위하여 증권거래소, 선물거래소, 코스닥 위원회, ㈜코스닥증권시장 등 4개 기관이 통합하여 2005년 설립된 기관이다. ( )

17 금융결제원은 자금결제와 정보유통을 원활하게 함으로써 건전한 금융거래의 유지·발전을 도모하고 금융회사 이용자의 편의를 제고하는 등 금융산업 발전에 기여할 목적으로 설립된 지급결제전문기관이다. ( )

정답 및 해설

01 × 시중은행은 영업지역을 기준으로 전국 어디에서나 영업이 가능한 은행으로 '24년 12월 기준 국내 은행 5개 사(국민·우리·신한·하나은행, iM뱅크)과 외국계 은행 2개 사(SC제일, 한국씨티은행)가 있다.
02 ○
03 ○
04 ○
05 ○
06 × 국내 재보험사업은 전업재보험사(코리안리 및 외국사 국내지점)와 일부 원수보험사가 영위하고 있다.
07 ○
08 ○
09 × 할부금융회사는 상품 구매액을 초과하는 자금을 대출할 수 없다.
10 ○
11 ○
12 × 물가안정목표제는 통화량 등의 중간목표를 두지 않고 정책의 최종 목표인 '물가상승률' 자체를 목표로 설정하고 중기적 시계에서 이를 달성하려는 통화정책 운영방식이다.
13 × 금융감독원은 정부조직과는 독립된 특수법인이다. 금융감독업무와 관련하여 금융감독기구가 정치적 압력 또는 행정부의 영향력에 의해 자율성을 잃지 않고 중립적이고 전문적인 금융감독 기능을 구현하기 위함이다.
14 ○
15 × 기업 등 법인의 예금도 개인예금과 마찬가지로 법인별로 5천만 원까지 보호된다. 다만, 정부·지방자치단체·한국은행·금융감독원·예금보험공사 및 부보금융회사의 예금은 보호대상에서 제외된다.
16 ○
17 ○

topic 5 금융상품

18 상호금융, 신용협동조합, 새마을금고 등 신용협동기구들은 은행의 저축예금과 유사한 상품인 '자립예탁금'을 취급하고 있다. ( )

19 시장금리부 수시입출금식예금(MMDA; Money Market Deposit Account)은 모든 은행에서 예금거래 실적에 따라 마이너스대출, 수수료 면제, 대출・예금금리 우대, 각종 공과금 및 신용카드 대금 결제, 타행환 송금 등 부대서비스를 제공하고 있다. ( )

20 단기금융상품펀드(MMF; Money Market Fund)는 일시 자금예치 수단으로서의 본래 기능을 수행할 수 있도록 운용가능한 채권의 신용등급을 AA등급 이상(기업어음 A2 이상)으로 제한하여 운용자산의 위험을 최소화 하도록 하고 있으며, 유동성 위험을 최소화하기 위하여 운용자산 전체 가중평균 잔존 만기를 75일 이내로 제한한다. ( )

21 단기금융상품펀드(MMF; Money Market Fund)는 계좌의 이체 및 결제 기능이 있으므로, 예금자보호의 대상이다. ( )

22 종합금융회사의 CMA는 예금자보호 대상이 되지만 증권회사의 CMA는 보호되지 않는다. ( )

23 자유적금은 원래 저축한도에는 원칙적으로 제한이 없으나 자금 및 금리 리스크 때문에 입금 금액을 제한하여 운용하는 것이 일반적이다. ( )

24 주가지수연동 정기예금(ELD; Equity Linked Deposit)은 원금을 안전한 자산에 운용하여 만기시 원금은 보장되고 장래에 지급할 이자의 일부 또는 전부를 주가지수(KOSPI 200지수, 일본 닛케이 225지수 등)의 움직임에 연동한 파생상품에 투자하여 고수익을 추구하는 상품이다. ( )

25 ELD는 은행에서 취급하지만 파생상품에 투자하므로 예금자보호 대상이 아니다. ( )

26 양도성 예금증서(CD; Certificate of Deposit)는 예치기간 동안의 이자를 액면금액에서 차감(할인)하여 발행한 후 만기지급 시 증서 소지인에게 액면금액을 지급한다. ( )

27 양도성 예금증서는 할인식으로 발행되는 특성상 만기 후에는 별도의 이자 없이 액면금액만을 지급받게 되며, 예금자보호 대상에서 해당한다. ( )

28 환매조건부채권(RP; Re-purchase Agreement)은 금융회사가 보유하고 있는 국채, 지방채, 특수채, 상장법인 및 등록법인이 발행하는 채권 등을 고객이 매입하면 일정기간이 지난 뒤 이자를 가산하여 고객으로부터 다시 매입하겠다는 조건으로 운용되는 장기 금융상품이다. ( )

29 환매조건부채권(RP; Re-purchase Agreement)은 예금자보호 대상은 아니지만 국채, 지방채 등 우량 채권을 대상으로 투자되므로 안정성이 높은 편이다. ( )

30 주택청약 종합저축가입은 주택소유 · 세대주 여부, 연령 등에 관계없이 누구나 가능하나 전체 업무취급 은행을 통해 1인 1계좌만 개설 가능하다. ( )

31 펀드는 투자포트폴리오의 운용성과에 따라서 수익 또는 손실이 발생할 수 있으며, 운용결과 원금손실이 발생하는 경우 투자자 자신의 책임으로 귀속되는 실적배당 상품이다. ( )

32 펀드의 투자자금 즉, 수익증권을 판매한 대금은 펀드를 설정하고 운용하는 자산운용회사로 들어가게 된다. ( )

33 펀드의 환매수수료는 통상 환매수수료는 가입 후 90일 또는 180일 등 일정기간으로 제한하고 있다. ( )

정답 및 해설

18 ○
19 × 시장금리부 수시입출금식예금(MMDA; Money Market Deposit Account)은 예금거래 실적에 따라 마이너스대출, 수수료 면제, 대출 · 예금금리 우대, 각종 공과금 및 신용카드대금 결제, 타행환 송금 등 부대서비스를 제공하고 있는데 일부은행의 경우 이를 불허하거나 자동이체 설정 건수를 제한하고 있다.
20 ○
21 × 단기금융상품펀드(MMF; Money Market Fund)는 계좌의 이체 및 결제 기능이 없고, 예금자보호의 대상이 되지 않는다.
22 ○
23 ○
24 ○
25 × ELD는 은행에서 취급하며, 예금자보호 대상이다.
26 ○
27 × 예금자보호 대상에서 제외된다.
28 × 단기 금융상품이다.
29 ○
30 ○
31 ○
32 × 투자자금 즉, 수익증권을 판매한 대금은 펀드를 설정하고 운용하는 자산운용회사로 들어가는 것이 아니라 자산보관회사인 신탁업자가 별도로 관리하기 때문에 혹시 자산운용회사가 파산하더라도 펀드에 투자한 자금은 보호받을 수 있다.
33 ○

34 상장지수펀드(ETF; Exchange Traded Funds)는 지수에 연동되어 수익률이 결정된다는 점에서 인덱스 펀드와 유사하지만 증권시장에 상장되어 주식처럼 실시간으로 매매가 가능하다는 점에서 차이가 있다. ( )

35 상장지수펀드는 투자자의 입장에서는 일반 펀드보다 가입 및 환매 절차와 조건이 복잡하다. ( )

36 ETF의 경우는 자금이 외부 수탁기관에 맡겨지기 때문에 발행기관의 신용위험이 없는 반면에 ETN은 발행기관인 증권회사의 신용위험에 노출된다. ( )

37 국내에서 판매되는 주가지수연계펀드(ELF; Equity Linked Funds)는 대체로 펀드재산의 대부분을 국공채나 우량 회사채에 투자하여 만기 시 원금을 확보하고 나머지 잔여재산을 증권회사에서 발행하는 권리증서(warrant)를 편입해 펀드 수익률이 주가에 연동되도록 한 구조화된 상품이다. ( )

38 부동산펀드와 유사한 부동산투자신탁(REITs; Real Estate Investment Trusts)은 투자자금을 모아 부동산 개발, 매매, 임대 및 주택저당채권(MBS; Mortgage Backed Securities) 등에 투자한 후 이익을 배당하는 금융상품으로 설립형태에 따라 회사형과 신탁형으로 구분한다. ( )

39 회사형과 투자형 모두 증권시장에 상장한다. ( )

40 재간접펀드(fund of funds)는 펀드의 재산을 다른 펀드가 발행한 간접투자증권에 투자하는 펀드로, 한 개의 펀드에서 다른 여러 가지 펀드들에 분산투자하는 것이다. ( )

41 파생상품은 기초자산의 가치 변동에 따라 가격이 결정되는 금융상품을 말하며, 그 상품의 가치가 기초자산의 가치 변동으로부터 파생되어 결정되기 때문에 '파생상품'이라고 부른다. ( )

42 선도거래와 선물거래 모두 거래소거래를 기본으로 한다. ( )

43 옵션프리미엄(option premium)은 옵션매입자가 선택권을 갖는 대가로 옵션매도자에게 지급하는 금액으로 옵션의 가격은 바로 이 옵션의 프리미엄을 지칭한다. ( )

44 옵션거래의 증거금은 매수자와 매도자 모두 예탁한다. ( )

45 콜옵션(call option)은 기초자산을 약정된 행사가격에 팔 수 있는 권리이다. ( )

46 유럽식 옵션(European option)은 옵션의 만기일에만(on expiration date) 권리를 행사할 수 있는 형태의 옵션이다. ( )

47 ELS(Equity Linked Securities), DLS(Derivative Linked Securities)는 대표적인 구조화 상품이다. ( )

48 구조화 상품은 저성장 · 저금리 기조에 따른 대안을 모색하며 이에 따라 고위험/고수익을 추구한다. ( )

49 신탁은 위탁자가 특정한 재산권을 수탁자에게 이전하는 것은 아니다. ( )

50 랩어카운트는 주식, 채권, 금융상품 등 증권회사(투자매매업자)에 예탁한 개인투자자의 자금을 한꺼번에 싸서(wrap) 투자자문업자(통상 자산운용회사나 증권회사가 겸업)로부터 운용서비스 및 그에 따른 부대서비스를 포괄적으로 받는 계약을 의미한다. ( )

51 랩어카운트는 주식, 채권, 투자신탁 등을 거래할 때마다 수수료를 지불하는 것이 특징이다. ( )

정답 및 해설

34 ○
35 × 상장지수펀드는 투자자의 입장에서는 가입 및 환매 절차와 조건이 복잡한 펀드 대신에 실시간으로 소액 매매가 가능하여 편리하다.
36 ○
37 ○
38 ○
39 × 신탁형은 수익증권을 발행하여 투자자를 모으는 형태로 상장의무는 없다.
40 ○
41 ○
42 × 선도거래는 장외거래, 선물거래는 거래소거래를 기본으로 한다.
43 ○
44 × 옵션거래의 증거금은 매도자만 예탁한다.
45 × 콜옵션(call option)은 기초자산을 약정된 행사가격에 살 수 있는 권리이다. 팔 수 있는 옵션은 풋옵션(put option)이다.
46 ○
47 ○
48 × 구조화 상품은 저성장 · 저금리 기조에 따른 대안을 모색하며 이에 따라 중위험/중수익을 추구한다.
49 × 신탁은 위탁자가 특정한 재산권을 수탁자에게 이전하거나 기타의 처분을 하고 수탁자로 하여금 수익자의 이익 또는 특정한 목적을 위하여 그 재산권을 관리 · 운용 · 처분하게 하는 법률관계를 말한다.
50 ○
51 × 랩어카운트는 주식, 채권, 투자신탁 등을 거래할 때마다 수수료를 지불하지 않고 일괄해서 연간 보수로 지급한다.

Step 02 객관식으로 실전연습

01 **다음에 대한 설명으로 옳지 않은 것은?**

① 일반은행은 시중은행, 지방은행, 인터넷전문은행, 외국은행 국내지점이 있다.
② 특수은행으로는 한국산업은행, 한국수출입은행, IKB기업은행, NH농협은행, SH수협은행 등이 있다.
③ 비은행 금융회사는 금융회사 중에서 은행법의 적용을 받으면서 은행과 유사하게 고객의 예금을 바탕으로 돈을 빌려주거나 투자를 하는 금융기관이다.
④ 생명보험회사는 사람의 생존 또는 사망사건이 발생했을 때 약정보험금을 지급하는 보장 기능을 주된 업무로 하는 금융회사이다.

02 **은행과 비은행 금융회사에 대한 설명으로 옳지 않은 것은?**

① 시중은행은 국내 은행 5개 사와 외국계 은행 2개 사가 있다.
② 특수은행은 개별법에 의하여 고유의 목적을 수행하도록 설립된 은행으로 특수은행에 대해서는 설립근거법에 의거해 「한국은행법」 및 「은행법」을 반드시 적용하고 있다.
③ 비은행 예금취급기관에는 상호저축은행, 신용협동기구, 우체국예금 그리고 종합금융회사가 있다.
④ 상호금융은 직장·지역 단위의 신용협동조합, 지역단위의 새마을금고, 농어민을 위한 협동조합인 농·수협 단위조합, 그리고 산림조합 등은 조합원에 대한 여수신을 통해 조합원 상호간 상호부조를 목적으로 운영한다.

03 **다음 〈보기〉에서 옳은 것을 모두 고르시오.**

> 보기
> ㄱ. 금융회사가 자기자금으로 금융투자상품을 매도·매수하거나 증권을 발행·인수 또는 권유·청약·승낙하는 것을 투자매매업이라고 한다.
> ㄴ. 금융회사가 고객으로 하여금 금융투자상품을 매도·매수하거나 증권을 발행·인수 또는 권유·청약·승낙하는 것을 투자중개업이라고 한다.
> ㄷ. 2인 이상에게 투자를 권유하여 모은 금전 등을 투자자 등으로부터 일상적인 운영을 포함하여 포괄적 지시를 받으면서 운용하고 그 결과를 투자자에게 배분하여 귀속시키는 것을 영업으로 하는 것을 집합투자업이라고 한다.
> ㄹ. 자본시장법에 따라 신탁을 영업으로 수행하는 것을 투자일임업이라 한다.

① ㄱ, ㄴ　　② ㄱ, ㄹ
③ ㄴ, ㄷ　　④ ㄷ, ㄹ

04 〈보기〉에서 보험회사에 대한 설명으로 옳은 것을 모두 고른 것은?

보기

ㄱ. 생명보험회사는 사람의 생존 또는 사망사건이 발생했을 때 약정보험금을 지급하는 보장 기능을 주된 업무로 하는 금융회사이다.
ㄴ. 생명보험과 손해보험은 겸업이 가능하다.
ㄷ. 보증보험은 보험계약자로부터 보험료를 받고 보험계약자가 피보험자에게 약속을 이행하지 못하거나 피해를 끼쳤을 때 대신 보험금을 지급한다.
ㄹ. 국내 재보험사업은 모든 보험사가 영위 가능하다.

① ㄱ, ㄴ
② ㄱ, ㄷ
③ ㄴ, ㄹ
④ ㄷ, ㄹ

05 다음에 대한 설명 중 옳지 않은 것은?

① 리스회사는 건물, 자동차, 기계, 사무기기 등을 구입하여 사용자에게 대여하여 사용료를 받는 일을 주 업무로 한다.
② 할부금융회사는 상품 구매액을 초과하는 자금을 대출할 수 있다.
③ 신용카드는 전형적인 여신전문 금융회사이다.
④ 금융지주회사는 1개 이상의 금융기관을 지배하는, 자산총액이 5천억 이상인 회사로서 금융위원회의 인가를 받은 회사이다.

정답 및 해설

01 ③ 비은행 금융회사는 금융회사 중에서 은행법의 적용을 받지 않으면서도 은행과 유사하게 고객의 예금을 바탕으로 돈을 빌려주거나 투자를 하는 금융기관이다.

02 ② 특수은행은 개별법에 의하여 고유의 목적을 수행하도록 설립된 은행으로 특수은행에 대해서는 설립근거법에 의거해 일부 또는 모든 업무에서 「한국은행법」 및 「은행법」의 적용을 배제하고 있다.

03 ① ㄷ. 2인 이상에게 투자를 권유하여 모은 금전 등을 투자자 등으로부터 일상적인 운영지시를 받지 않으면서 운용하고 그 결과를 투자자에게 배분하여 귀속시키는 것을 영업으로 하는 것을 집합투자업이라고 한다.
ㄹ. 자본시장법에 따라 신탁을 영업으로 수행하는 것을 신탁업이라고 한다.

04 ② ㄴ. 생명보험과 손해보험은 완전히 분리된 보험으로 서로 겸업하지 않지만 사람의 질병, 상해 또는 이로 인한 간병을 대상으로 하는 보험인 질병보험, 상해보험, 간병보험은 생명보험이나 손해보험 회사들이 자유롭게 취급할 수 있다.
ㄹ. 국내 재보험사업은 전업재보험사(코리안리 및 외국사 국내지점)와 일부 원수보험사가 영위하고 있다.

05 ② 금융회사 이름에 주로 '○○캐피탈'이라는 이름이 붙은 회사들이 전형적인 할부금융회사이다. 할부금융회사는 상품 구매액을 초과하는 자금을 대출할 수 없다.

06 〈보기〉에서 기타금융회사에 대한 설명으로 옳은 것을 모두 고른 것은?

보기
ㄱ. 리스 서비스는 소비자들이 자산관리의 부담이나 한꺼번에 많은 자금을 마련할 필요가 없다는 장점이 있다.
ㄴ. 할부금융 자금은 소비자들에게 직접 대출도 가능하다.
ㄷ. 신용카드회사는 전형적인 여신전문 금융회사이다.
ㄹ. 금융지주회사는 1개 이상의 금융기관을 지배하는, 자산총액이 3천억 이상인 회사로서 금융위원회의 인가를 받은 회사이다.

① ㄱ, ㄴ
② ㄱ, ㄷ
③ ㄴ, ㄹ
④ ㄷ, ㄹ

07 한국은행의 구분에 대한 설명으로 옳지 않은 것은?

① 우리나라 중앙은행인 한국은행은 화폐를 독점적으로 발행하는 발권은행이다.
② 한국은행이 채택하고 있는 통화정책 운영체제는 물가안정목표제이다.
③ 한국은행의 금융통화위원회(금통위)는 기준금리(정책금리)를 정하고 한국은행의 통화신용정책에 관한 주요 사항을 심의·의결하는 정책결정기구로서 한국은행 총재 및 부총재를 포함한 총 7인의 위원으로 구성된다.
④ 국민이 정부에 내는 세금 등 정부의 수입을 국고금으로 받아 두었다가 정부가 필요로 할 때 자금을 내어주는 정부의 은행 역할도 수행한다.

08 〈보기〉에서 금융감독원에 대한 설명으로 옳은 것의 개수는?

보기
ㄱ. 금융감독원은 정부조직과는 독립된 특수법인이다.
ㄴ. 경제 전반에 걸친 금융혼란에 대비하여 금융시스템의 안정성을 확보하는 데 주력한다.
ㄷ. 개별 금융회사의 재무제표의 건전성, 자본적정성 및 각종 건전성 지표를 통해 금융회사의 건전성을 감독한다.
ㄹ. 소비자가 직접 제기하는 민원의 상담, 조사 및 분쟁조정 절차를 담당한다.

① 1개
② 2개
③ 3개
④ 4개

09 다음 〈보기〉에서 옳은 것을 모두 고르시오.

보기

ㄱ. 금융유관기관은 금융거래에 직접 참여하기보다 금융제도의 원활한 작동에 필요한 여건을 제공하는 업무를 주로 하는 기관들이다.
ㄴ. 한국은행이 채택하고 있는 통화정책 운영체제인 물가안정목표제는 통화량 등의 중간목표를 통해 물가안정을 달성하려는 것을 의미한다.
ㄷ. 금융감독원은 정부조직과는 독립된 특수법인이다.
ㄹ. 예금보험공사에서 보호하는 금융회사는 은행, 새마을금고 등이 있다.

① ㄱ, ㄴ
② ㄱ, ㄷ
③ ㄴ, ㄷ
④ ㄴ, ㄹ

10 〈보기〉에서 예금보험공사에 대한 설명으로 옳은 것을 모두 고른 것은?

보기

ㄱ. 예금보험공사에서 보호하는 금융회사는 은행, 증권투자매매·중개업을 인가받은 회사(증권사, 선물사, 자산운용사 등), 보험회사, 상호저축은행, 종합금융회사 등이다.
ㄴ. 외화표시예금은 원화로 환산한 금액 기준으로 예금자 1인당 5천만 원 범위 내에서 보호된다.
ㄷ. 신용협동조합과 새마을금고는 예금보험공사의 보호대상이다.
ㄹ. 개인예금은 보호되지만 기업 등 법인의 예금은 보호되지 않는다.

① ㄱ, ㄴ
② ㄱ, ㄷ
③ ㄴ, ㄹ
④ ㄷ, ㄹ

정답 및 해설

06 ② ㄴ. 할부금융 자금은 상품 구입 목적 이외에 다른 목적으로 대출받는 것을 방지하기 위해 소비자에게 대출하지 않고 판매자에게 직접 지급 하도록 되어 있다.
ㄹ. 금융지주회사는 1개 이상의 금융기관을 지배하는, 자산총액이 5천억 이상인 회사로서 금융위원회의 인가를 받은 회사이다.

07 ③ 한국은행의 금융통화위원회(금통위)는 기준금리(정책금리)를 정하고 한국은행의 통화신용정책에 관한 주요 사항을 심의·의결하는 정책결정기구로서 한국은행 총재 및 부총재를 포함한 총 6인의 위원으로 구성된다.

08 ④ 모두 옳은 내용이다.

09 ② ㄴ. 한국은행이 채택하고 있는 통화정책 운영체제인 물가안정목표제는 통화량 등의 중간목표를 두지 않고 물가안정을 달성하려는 것을 의미한다.
ㄹ. 예금보험공사에서 보호하는 금융회사 은행, 증권투자매매·중개업을 인가받은 회사(증권사, 선물사, 자산운용사 등), 보험회사, 상호저축은행, 종합금융회사 등이다. 새마을금고, 농수협지역조합, 신용협동조합은 포함되지 않는다.

10 ① ㄷ. 농·수협 지역조합의 예금, 신용협동조합과 새마을금고는 예금보험공사의 보호대상이 아니다.
ㄹ. 기업 등 법인의 예금도 개인예금과 마찬가지로 법인별로 5천만 원까지 보호된다.

11 **한국거래소에 대한 설명으로 옳지 않은 것은?**

① 한국거래소(Korea Exchange, KRX)는 자본시장법에 의하여 설립된 주식회사이다.
② 증권거래소, 선물거래소, 코스닥 위원회, ㈜코스닥증권시장 등 4개 기관이 통합하여 2005년 설립되었다.
③ 증권 및 장내 · 외 파생상품의 매매체결 및 청산과 결제 등의 업무를 담당한다.
④ 자금결제와 정보유통을 원활하게 함으로써 건전한 금융거래의 유지 · 발전을 도모하고 금융회사 이용자의 편의를 제고하는 등 금융산업 발전에 기여할 목적으로 설립된 지급결제전문기관이다.

12 **「예금자보호법」에서 정한 예금보험제도에 대한 설명으로 옳은 것은?** 19. 계리직

① 은행, 보험회사, 종합금융회사, 수협은행, 외국은행 국내지점은 보호대상 금융회사이다.
② 외화예금, 양도성 예금증서(CD), 환매조건부채권(RP), 주택 청약저축은 비보호 금융상품이다.
③ 서울시가 시중은행에 가입한 정기예금 1억 원은 5천만 원 한도 내에서 예금자보호를 받는다.
④ 금융회사가 예금을 지급할 수 없게 되면 법에 의해 금융감독원이 대신하여 예금을 지급하는 공적 보험제도이다.

13 **다음에서 설명하고 있는 금융상품으로 옳은 것은?** 08. 계리직

종합금융회사 고객의 예탁금을 어음 및 국 · 공채 등에 운용하여 그 수익을 고객에게 돌려주는 실적배당 금융상품으로서, 예탁금에 제한이 없고 수시 입출금이 가능한 상품

① CMA(Cash Management Account)
② CD(Certificate of Deposit)
③ RP(Re-purchase Paper)
④ MMDA(Money Market Deposit Account)

14 〈보기〉에서 저축상품에 대한 설명으로 옳은 것을 모두 고른 것은? 24. 계리직

> 보기
>
> ㄱ. 시장금리부 수시입출식예금(MMDA)은 어음관리계좌(CMA) 및 단기금융상품펀드(MMF)와 경쟁하는 실적배당 상품이다.
>
> ㄴ. 종합금융회사의 어음관리계좌(CMA)는 예금자보호가 되지만 증권회사의 어음관리계좌(CMA)는 예금자보호가 되지 않는다.
>
> ㄷ. 양도성 예금증서는 정기예금에 양도성을 부여한 금융상품으로 중도해지가 되지 않으므로 만기 전에 현금화가 불가능하다.
>
> ㄹ. 실세금리연동형 정기예금은 시장실세금리를 반영하여 적용금리를 변경하는 정기예금으로 금리 상승기 목돈 운용에 적합하다.

① ㄱ, ㄷ　　② ㄱ, ㄹ

③ ㄴ, ㄷ　　④ ㄴ, ㄹ

정답 및 해설

11 ④ 금융결제원에 대한 설명이다.

12 ①

오답체크

② 양도성 예금증서(CD), 환매조건부채권(RP), 주택 청약저축은 비보호 금융상품이다. 외화예금은 원화로 환산한 금액 기준으로 예금자 1인당 5천만 원 범위 내에서 보호된다.

③ 정부, 지방자치단체(국·공립학교 포함), 한국은행, 금융감독원, 예금보험공사, 부보금융회사의 예금은 보호대상에서 제외된다.

④ 「예금자보호법」에 의해 설립된 예금보험공사가 평소에 금융회사로부터 보험료(예금보험료)를 받아 기금(예금보험기금)을 적립한 후, 금융회사가 예금을 지급할 수 없게 되면 금융회사를 대신하여 예금(예금보험금)을 지급하게 된다. 예금보험은 예금자를 보호하기 위한 목적으로 법에 의해 운영되는 공적보험이기 때문에 예금을 대신 지급할 재원이 금융회사가 납부한 예금보험료만으로 부족할 경우에는 예금보험공사가 직접 채권(예금보험기금채권)을 발행하는 등의 방법을 통해 재원을 조성하게 된다.

13 ① CMA(어음관리계좌)는 종합금융회사나 증권회사가 고객의 예탁금을 어음 및 국·공채 등 단기금융상품에 직접 투자하여 운용한 후 그 수익을 고객에게 돌려주는 단기금융상품이다. 개인이나 기업이 1개월에서 6개월 정도의 여유자금을 운용하기에 적합한 저축수단이다.

14 ④ ㄱ. 시장금리부 수시입출식예금(MMDA)은 시장실세금리에 의한 고금리가 확정금리로 적용된다.

ㄷ. 양도성 예금증서는 정기예금에 양도성을 부여한 금융상품으로 만기 전에 현금화하고자 할 경우 증권회사 등을 통해 유통시장에서 매각할 수 있다.

15 〈보기〉에서 장내 파생상품에 대한 설명으로 옳은 것을 모두 고른 것은? 22. 계리직

보기

ㄱ. 주가지수옵션 매수자의 이익은 옵션 프리미엄에 한정되고 손실은 무한정인 반면, 매도자의 손실은 옵션 프리미엄에 한정되고 이익은 무한정이다.

ㄴ. 풋옵션의 매도자는 장래의 일정 시점 또는 일정 기간 내에 특정 기초자산을 정해진 가격으로 매도할 수 있는 권리를 가진다.

ㄷ. 옵션 계약에서는 계약이행의 선택권을 갖는 계약자가 의무만을 지는 상대방에게 자신이 유리한 조건을 갖는 데 대한 대가를 지불하고 계약을 체결하게 된다.

ㄹ. 계약 내용이 표준화되어 있고 공식적인 거래소를 통해 매매되는 선물거래에는 헤징(hedging) 기능, 현물시장의 유동성 확대 기여, 장래의 가격정보 제공 기능 등이 있다.

① ㄱ, ㄴ
② ㄱ, ㄷ
③ ㄴ, ㄹ
④ ㄷ, ㄹ

16 금융투자상품에 대한 설명으로 옳지 않은 것은? 19. 계리직

① 수입업자는 선물환 매입계약을 통해 환율변동에 따른 환리스크를 헤지(Hedge)할 수 있다.
② 투자자의 원본 결손액에 대해 불법행위로 인한 손해 여부를 입증해야 하는 책임은 금융투자업자에게 있다.
③ 풋옵션의 경우 기초자산 가격이 행사가격 이하로 하락함에 따라 매수자의 이익과 매도자의 손실이 무한정으로 커질 수 있다.
④ 상장지수증권(ETN)은 외부수탁기관에 위탁되기 때문에 발행기관의 신용위험이 없고 거래소에 상장되어 실시간으로 매매가 이루어진다.

17 어음관리계좌(CMA; Cash Management Account) 대한 설명으로 옳지 않은 것은?

① CMA는 종합금융회사나 증권회사가 고객의 예탁금을 어음 및 국·공채 등 단기금융상품에 직접 투자하여 운용한 후 그 수익을 고객에게 돌려주는 단기 금융상품이다.
② 자금을 단기 금융상품에 투자하고 실적배당을 한다는 점에서는 MMF와 유사하지만 MMDA처럼 이체와 결제, 자동화기기(ATM)를 통한 입출금 기능을 갖고 있다는 점에서 차이가 있다.
③ 종합금융회사의 CMA는 예금자보호 대상이 되지 않지만 증권회사의 CMA는 예금자보호의 대상이다.
④ 예탁금에 제한이 없고 수시 입출금이 허용되면서도 실세금리 수준의 수익을 올릴 수 있다.

18 **저축상품에 대한 설명이다. 다음 〈보기〉에서 옳은 것을 모두 고르시오.**

보기

ㄱ. 금리변동기, 특히 금리하락기에 실세금리에 따라 목돈을 운용하는 데에 적합한 금융상품은 실세연동형 정기예금이다.

ㄴ. 주가지수연동 정기예금(ELD; Equity Linked Deposit)은 원금이 보장되지 않는 고수익을 추구하는 상품이다.

ㄷ. 양도성 예금증서는 중도해지가 불가능하며 만기 전에 현금화하고자 할 경우에는 증권회사 등 유통시장에서 매각할 수 있다.

ㄹ. 환매조건부채권은 예금자보호 대상은 아니지만 국채, 지방채 등 우량 채권을 대상으로 투자되므로 안정성이 높은 편이다.

① ㄱ, ㄴ
② ㄱ, ㄹ
③ ㄴ, ㄷ
④ ㄷ, ㄹ

19 **단기금융상품펀드(MMF; Money Market Fund)에 대한 설명으로 옳은 것은?**

① MMF는 고객의 돈을 모아 주로 CP(기업어음), CD(양도성 예금증서), RP(환매조건부채권), 콜(call) 자금이나 잔존만기 1년 이하의 안정적인 국공채로 운용하는 실적배당상품이다.
② 운용가능한 채권의 신용등급을 AA등급 이상(기업어음 A2 이상)으로 제한하여 운용자산의 위험을 최소화하도록 하고 있다.
③ 유동성 위험을 최소화하기 위하여 운용자산 전체 가중평균 잔존 만기를 60일 이내로 제한한다.
④ 계좌의 이체 및 결제 기능이 없고, 예금자보호의 대상이 되지 않는다.

정답 및 해설

15 ④ ㄱ. 주가지수옵션(stock index option)은 주가지수 자체가 기초자산이 되는 옵션을 말한다. 주가지수옵션의 매수자 손실은 프리미엄에 한정되지만 이익은 무한정이고, 매도자 이익은 프리미엄에 한정되나 손실은 무한정이다.
ㄴ. 풋옵션(put option)은 기초자산을 매도하기로 한 측이 옵션보유자가 되는 경우로, 풋옵션의 매수자는 장래의 일정시점 또는 일정기간 내에 특정 기초자산을 정해진 가격으로 매도할 수 있는 권리를 가진다.

16 ④ 상장지수펀드(ETF : Exchange Traded Funds), 상장지수증권(ETN : Exchange Traded Notes)은 모두 인덱스 상품[목표지수(인덱스)를 선정하고 이 지수와 같은 수익률을 올릴 수 있도록 운용하는 펀드]이면서 거래소에 상장되어 거래된다는 점에서는 유사하나, ETF의 경우는 자금이 외부 수탁기관에 맡겨지기 때문에 발행기관의 신용위험이 없는 반면, ETN은 발행기관인 증권회사의 신용위험에 노출된다(증권사가 자사의 신용에 기반하여 수익지급을 약속하고 발행하기 때문).

17 ③ 종합금융회사의 CMA는 예금자보호 대상이 되지만 증권회사의 CMA는 그렇지 않다.

18 ④ ㄱ. 금리변동기, 특히 금리상승기에 실세금리에 따라 목돈을 운용하는 데에 적합한 금융상품은 실세연동형 정기예금이다.
ㄴ. 주가지수연동 정기예금(ELD; Equity Linked Deposit)은 원금을 안전한 자산에 운용하여 만기 시 원금은 보장되고 장래에 지급할 이자의 일부 또는 전부를 주가지수(KOSPI 200지수, 일본 닛케이 225지수 등)의 움직임에 연동한 파생상품에 투자하여 고수익을 추구하는 상품이다.

19 ③ 유동성 위험을 최소화하기 위하여 운용자산 전체 가중평균 잔존 만기를 75일 이내로 제한한다.

20 〈보기〉에서 어음관리계좌(CMA; Cash Management Account)에 대한 설명으로 옳은 것을 모두 고른 것은?

보기
ㄱ. 자금을 단기 금융상품에 투자하고 실적배당을 한다는 점에서는 MMF와 유사하다.
ㄴ. MMDA와 달리 이체와 결제, 자동화기기(ATM)를 통한 입출금 기능을 갖고 있다는 점에서 차이가 있다.
ㄷ. 종합금융회사의 CMA와 증권회사의 CMA 모두 예금자 보호 대상이다.
ㄹ. 예탁금에 제한이 없고 수시 입출금이 허용되면서도 실세금리 수준의 수익을 올릴 수 있다.

① ㄱ, ㄴ
② ㄱ, ㄹ
③ ㄴ, ㄹ
④ ㄷ, ㄹ

21 주가지수연동 정기예금(ELD; Equity Linked Deposit)에 대한 설명으로 옳은 것은?

① 원금을 안전한 자산에 운용하여 만기 시 원금은 보장되고 장래에 지급할 이자의 일부 또는 전부를 주가지수(KOSPI 200지수, 일본 닛케이 225지수 등)의 움직임에 연동한 파생상품에 투자하여 고수익을 추구하는 상품이다.
② 주가지수 전망에 따라 주가지수 상승형, 하락형 또는 횡보형 등 다양한 구조의 상품구성이 가능하다.
③ 중도해지 시 중도해지이율을 적용하여 산정된 금액에서 중도해지수수료를 차감하여 지급하거나 무이자인 경우도 있다.
④ ELD는 은행에서 취급하나, 예금자보호 대상은 아니다.

22 〈보기〉에서 양도성 예금증서와 환매조건부 채권에 대한 설명으로 옳은 것을 모두 고른 것은?

보기
ㄱ. 양도성 예금증서는 예치기간 동안의 이자를 액면금액으로 발행한 후 이자를 더하여 지급한다.
ㄴ. 양도성 예금증서는 중도해지가 가능하다.
ㄷ. 환매조건부채권은 대부분 만기가 지난 후에는 별도의 이자를 가산해 주지 않는다는 점에 유의해야 한다.
ㄹ. 양도성 예금증서, 환매조건부 채권은 모두 예금자보호대상이 아니다.

① ㄱ, ㄴ
② ㄱ, ㄷ
③ ㄴ, ㄹ
④ ㄷ, ㄹ

23 주택청약종합저축에 대한 설명으로 옳지 않은 것은?

① 수도권의 경우 가입 후 1년이 지나면 1순위가 되며, 수도권 외의 지역은 6 ~ 12개월 범위에서 시・도지사가 정하는 기간이 지나면 1순위가 된다.

② 가입은 주택소유・세대주 여부, 연령 등에 관계없이 누구나 가능하나 전체 업무취급 은행을 통해 1인 1계좌만 개설 가능하다.

③ 국민주택의 경우 해당 지역에 거주하는 구성원으로서 주택의 소유여부와는 관련이 없으며 1세대당 1주택, 민영주택의 경우는 지역별 청약가능 예치금을 기준으로 1인당 1주택 청약이 가능하다.

④ 총 급여 8천만 원 이하 근로소득자로서 무주택 세대주인 경우는 월 납입 인정 한도가 25만 원으로 최대 연 300만 원의 40%인 120만 원까지 소득공제 혜택이 주어진다.

24 〈보기〉에서 펀드에 대한 설명으로 옳은 것의 개수는?

보기

ㄱ. 펀드의 투자자금 즉, 수익증권을 판매한 대금은 펀드를 설정하고 운용하는 자산운용회사로 들어가는 것이 아니라 자산보관회사인 신탁업자가 별도로 관리하기 때문에 혹시 자산운용회사가 파산하더라도 펀드에 투자한 자금은 보호받을 수 있다.

ㄴ. 통상 환매수수료는 없으며 투자자가 원하는 대로 제한없이 환매처리하는 것이 일반적이다.

ㄷ. 다수 투자자의 자금을 모아(pooling) 운용되는 펀드를 통해 분산투자를 할 수 있다.

ㄹ. 펀드는 예금자보호대상이 아니며 투자성과에 따라 손실이 발생할 수도 있고 심지어 전액 원금 손실에까지 이를 수도 있다.

① 1개　　② 2개

③ 3개　　④ 4개

정답 및 해설

20 ② ㄴ. MMDA처럼 이체와 결제, 자동화기기(ATM)를 통한 입출금 기능을 갖고 있다는 점에서 차이가 있다.
ㄷ. 종합금융회사의 CMA는 예금자보호 대상이 되지만 증권회사의 CMA는 보호되지 않는다.

21 ④ ELD는 은행에서 취급하며, 예금자보호 대상이다.

22 ④ ㄱ. 양도성 예금증서는 예치기간 동안의 이자를 액면금액에서 차감(할인)하여 발행한 후 만기지급시 증서 소지인에게 액면금액을 지급한다.
ㄴ. 양도성 예금증서는 중도해지가 불가능하며 만기 전에 현금화하고자 할 경우에는 증권회사 등 유통시장에서 매각할 수 있다.

23 ③ 국민주택의 경우 해당 지역에 거주하는 무주택 세대의 구성원으로서 1세대당 1주택, 민영주택의 경우는 지역별 청약가능 예치금을 기준으로 1인당 1주택 청약이 가능하다.

24 ③ ㄴ. 통상 환매수수료는 가입 후 90일 또는 180일 등 일정기간으로 제한하고 있다.

25 종류형 펀드의 유형이 적절하게 짝지어진 것은?

ㄱ. 선&후취 판매수수료가 없는 펀드
ㄴ. 온라인 전용펀드
ㄷ. 가입시 선취 수수료 징구하는 펀드
ㄹ. 장기주택마련용 펀드

보기
㉠ A클래스
㉡ C클래스
㉢ E클래스
㉣ H클래스

	ㄱ	ㄴ	ㄷ	ㄹ
①	㉠	㉡	㉢	㉣
②	㉡	㉢	㉠	㉣
③	㉡	㉠	㉢	㉣
④	㉡	㉢	㉣	㉠

26 〈보기〉에서 상장지수펀드(ETF; Exchange Traded Funds)에 대한 설명으로 옳은 것을 모두 고른 것은?

보기
ㄱ. ETF는 주식처럼 유가증권시장에서 상장되어 거래된다.
ㄴ. 인덱스 펀드보다 수수료가 높은 편이다.
ㄷ. ETF와 ETN 모두 인덱스 상품이면서 거래소에 상장되어 거래된다.
ㄹ. ETF과 ETN은 발행기관인 증권회사의 신용위험에 노출된다.

① ㄱ, ㄴ
② ㄱ, ㄷ
③ ㄴ, ㄹ
④ ㄷ, ㄹ

27 ELD, ELS, ELF를 비교한 내용으로 옳은 것은?

	구분	ELD	ELS	ELF
①	판매회사	은행 (운용사=판매사)	투자매매업자 또는 투자중개업자 (운용사=판매자)	투자매매업자, 투자중개업자
②	상품 성격	예금	유가증권	펀드
③	투자 형태	정기예금 가입	유가증권 매입	펀드 가입
④	만기수익	지수에 따라 사전에 정한 수익금지급	운용성과에 따른 실적배당	지수에 따라 사전에 정한 수익금 지급

28 〈보기〉에서 부동산 투자신탁과 재간접 펀드에 대한 설명으로 옳은 것을 모두 고른 것은?

보기
ㄱ. 부동산 투자신탁은 설립형태에 따라 회사형과 신탁형으로 구분한다.
ㄴ. 신탁형은 수익증권을 발행하여 투자자를 모으는 형태로 상장의무가 있다.
ㄷ. 재간접 펀드는 판매보수와 운용보수를 이중으로 지급하는 등 비용부담이 일반펀드에 비해 높을 수 있다.
ㄹ. 투자자 보호를 위해 재간접펀드는 동일 자산운용사가 운용하는 펀드들에 대한 투자는 펀드 자산 총액의 20%를 초과할 수 없다.

① ㄱ, ㄴ　　② ㄱ, ㄷ
③ ㄴ, ㄹ　　④ ㄷ, ㄹ

정답 및 해설

25 ② ㄱ – Ⓛ C클래스, ㄴ – Ⓒ E클래스, ㄷ – ㉠ A클래스, ㄹ – ㉣ H클래스
26 ② ㄴ. 인덱스 펀드보다 수수료가 낮은 편이다.
ㄹ. ETF의 경우는 자금이 외부 수탁기관에 맡겨지기 때문에 발행기관의 신용위험이 없는 반면에 ETN은 발행기관인 증권회사의 신용위험에 노출된다.
27 ④

구분	ELD	ELS	ELF
운용회사	은행	투자매매업자	집합투자업자 (자산운용사)
판매회사	은행 (운용사 = 판매사)	투자매매업자 또는 투자중개업자 (운용사 = 판매자)	투자매매업자, 투자중개업자
상품 성격	예금	유가증권	펀드
투자 형태	정기예금 가입	유가증권 매입	펀드 가입
만기수익	지수에 따라 사전에 정한 수익금지급	지수에 따라 사전에 정한 수익금 지급	운용성과에 따른 실적배당

28 ② ㄴ. 신탁형은 수익증권을 발행하여 투자자를 모으는 형태로 상장의무는 없다.
ㄹ. 투자자 보호를 위해 재간접펀드는 동일 자산운용사가 운용하는 펀드들에 대한 투자는 펀드자산 총액의 50%를 초과할 수 없고 같은 펀드에 대해서는 자산총액의 20%를 초과할 수 없도록 규제하고 있다.

29 선도거래와 선물거래를 비교한 내용으로 옳지 않은 것은?

	구분	선도거래	선물거래
①	거래장소	장외거래	장내거래
②	거래방식	경쟁방식(공개호가)	상대매매방식(1:1)거래
③	거래가격	계약당시가격	매일가격변동
④	정산	만기일정산	일일정산

30 〈보기〉에서 옵션에 대한 설명으로 옳은 것을 모두 고른 것은?

보기

ㄱ. 옵션거래의 증거금은 매수자와 매도자 모두 예탁한다.
ㄴ. 옵션거래에서 옵션 매도자의 최대수익은 옵션 프리미엄이다.
ㄷ. 풋옵션매수자는 기초자산의 가격이 행사가격 이상으로 상승할 때 권리를 행사하고 콜옵션 매수자는 기초자산의 가격이 행사가격 아래로 하락할 때 권리를 행사한다.
ㄹ. 미국식 옵션(American option)은 옵션의 만기일이 될 때까지(by expiration date) 언제라도 권리를 행사할 수 있는 형태의 옵션이다.

① ㄱ, ㄴ　　② ㄱ, ㄷ
③ ㄴ, ㄹ　　④ ㄷ, ㄹ

31 장내파생상품인 구조화에 대한 설명으로 옳지 않은 것은?

① 예금, 주식, 채권, 대출채권, 통화, 옵션 등 금융상품을 혼합하여 얼마든지 새로운 상품을 만들 수 있는데, 이와 같이 당초의 자산을 가공하거나 혼합하여 만들어진 새로운 상품이다.
② 저성장·저금리 기조에 따른 대안을 모색하며 고위험/고수익을 추구한다.
③ 대표적인 구조화 상품으로 주가연계증권(ELS; Equity Linked Securities)이 있다.
④ 파생결합증권(DLS; Derivative Linked Securities)도 대표적인 구조화 상품이다.

32 〈보기〉에서 신탁상품과 랩어카운트에 대한 설명으로 옳은 것의 개수는?

보기
ㄱ. 신탁계약 또는 위탁자의 지시에 따라 신탁재산 운용방법이 특정되면 특정금전신탁, 수탁자에게 재산의 운용방법을 일임하면 불특정금전신탁이다.
ㄴ. 신탁 시에는 위탁자가 특정한 재산권을 수탁자에게 이전한다.
ㄷ. 불특정금전신탁은 간접투자자산운용법시행 이후에도 신규수탁이 진행되고 있다.
ㄹ. 랩어카운트는 주식, 채권, 투자신탁 등을 거래할 때마다 수수료를 지불한다.

① 1개 ② 2개
③ 3개 ④ 4개

정답 및 해설

29 ②

구분	선도거래	선물거래
거래장소	장외거래	장내거래
거래방식	상대매매방식(1:1)거래	경쟁방식(공개호가)
거래가격	계약당시가격	매일가격변동
정산	만기일정산	일일정산

30 ③ ㄱ. 옵션거래의 증거금은 매도자만 예탁한다.
ㄷ. 콜옵션매수자는 기초자산의 가격이 행사가격 이상으로 상승할 때 권리를 행사하고 풋옵션매수자는 기초자산의 가격이 행사가격 아래로 하락할 때 권리를 행사한다.

31 ② 저성장 · 저금리 기조에 따른 대안을 모색하며 중위험/중수익을 추구한다.

32 ② ㄷ. 불특정금전신탁은 집합투자기구(펀드)와 같은 성격으로 보아 간접투자자산운용법시행 이후 신규수탁이 금지되었다.
ㄹ. 랩어카운트는 주식, 채권, 투자신탁 등을 거래할 때마다 수수료를 지불하지 않고 일괄해서 연간 보수로 지급한다.

Chapter

03 저축과 금융투자에 대한 이해

www.pmg.co.kr

Step 01 OX로 핵심잡기

topic 6 저축과 투자의 기초

01 복리에서는 원금뿐 아니라 발생한 이자도 재투자된다고 가정한다. ( )

02 100만 원을 연 5%의 복리상품에 예치할 경우 원금이 2배인 200만 원되는 기간은 20년이다. (단, 세금공제는 없다고 가정함) ( )

03 저축의 실제가치는 인플레이션과 비례한다. ( )

04 우리나라에서는 이자소득을 포함한 금융소득에 대해서 분리과세를 통해 금융회사가 일률적으로 14%(지방소득세를 포함하면, 15.4%)를 원천징수하고 나머지를 지급한다. ( )

05 투자는 과도한 이익을 추구하면서 비합리적으로 자금을 운용하는 행위이다. ( )

06 투자수익률 = (기말의 투자가치 − 투자원금) ÷ 투자원금 × 100이다. ( )

07 기간 수익률을 연수익률로 바꾸어 주는 연율화(annualization)를 하며 그 과정에서도 재투자를 가정한 단리를 적용하여 계산하는 것이 원칙이다. ( )

08 거래횟수가 잦을수록 비용 대비 수익이 낮아지게 되어 장기투자가 유리하게 된다. ( )

09 기회비용은 어떤 행위를 하기 위해 포기해야 하는 다른 기회의 가치를 의미하는데 투자에도 적용될 수 있다. ( )

10 위험(risk)은 해로움이나 손실이 생길 우려가 있거나 또는 그런 상태로 부정적인 것만을 의미한다. ( )

11 투자의 기대수익률 = 무위험수익률 + 리스크 프리미엄으로 표현될 수 있다. ( )

12 분산투자와 레버리지 전략 모두 투자위험을 줄이려는 전략에 해당한다. ( )

13 투자이익을 극대화 시키기 위한 레버리지 전략은 언제나 바람직하다. ( )

14 전문투자자는 국가, 한국은행, 은행, 증권회사 등으로 자본시장법이 구체적으로 열거하는데, 여기에 해당하지 않으면 일반투자자에 해당한다. ( )

15 금융상품은 원본손실가능성에 따라 금융투자상품과 비금융투자상품으로 구분한다. ( )

16 자본시장법에서는 상품을 일일이 열거하여 투자성의 특징을 갖는 모든 투자상품을 규율한다. ( )

17 금융투자상품은 투자금액 원본까지를 한도로 손실이 발생할 가능성이 있는 것은 증권, 원본을 초과한 손실이 발생할 가능성이 있는 것은 파생상품으로 분류된다. ( )

18 투자권유는 투자자의 투자목적・재산상태・투자경험 등에 적합해야 한다는 것은 적정성의 원칙이다. ( )

정답 및 해설

01 ○
02 × 72÷금리 = 원금이 두 배가 되는 시기(년)이므로 72÷5 = 14.4년이다.
03 × 저축의 실제가치는 인플레이션과 반비례한다.
04 ○
05 × 투기는 과도한 이익을 추구하면서 비합리적으로 자금을 운용하는 행위이다.
06 ○
07 × 기간 수익률을 연수익률로 바꾸어 주는 연율화(annualization)를 하며 그 과정에서도 재투자를 가정한 복리를 적용하여 계산하는 것이 원칙이다.
08 ○
09 ○
10 × 위험(risk)이 금융 분야에서 사용될 경우에는 불확실한 미래 상황에 노출된 상태로서 경우에 따라 많은 수익을 얻을 수도 있지만 어떤 경우에는 손실을 볼 수도 있는 것을 의미한다.
11 ○
12 × 분산투자처럼 투자위험을 줄이려는 전략도 있으나 레버리지 전략은 기대수익률을 더욱 높이기 위해 투자위험을 오히려 확대하는 전략이다.
13 × 개인이 부채를 사용하여 레버리지가 높은 투자를 하는 것은 결코 바람직하지 못하다. 특히 주식과 같이 리스크가 높은 투자에서 레버리지를 통해 리스크를 더욱 확대한다는 것은 건전한 투자를 넘어 사실상 투기라고 할 수 있다.
14 ○
15 ○
16 × 자본시장법에서는 종전과 달리 대상 상품을 일일이 열거하지 않고 앞으로 탄생할 수 있는 신상품까지 포괄하여 투자성의 특징을 갖는 모든 투자상품을 규율한다.
17 ○
18 × 적합성의 원칙이다. 적정성의 원칙은 파생상품 등이 일반투자자에게 적정한지 여부를 판단하는 것이다.

topic 7 주식투자

19 주식을 보유한 주주는 주식 보유 수에 따라 회사의 순이익과 순자산에 대한 지분청구권을 갖는데 만약 회사에 순이익이 발생하면 이익배당청구권을, 회사가 망하는 경우에는 남은 재산에 대한 잔여재산 분배청구권을 가진다. (　　)

20 주주는 1인 1표의 원칙에 따라 주주는 모두 동일한 권리와 책임을 가진다. (　　)

21 자익권은 자신의 재산적 이익을 위해 인정되는 권리이며 공익권은 회사 전체의 이익과 관련된 권리이다. (　　)

22 소액주주의 상장주식 매매차익에 대해서는 지방세를 포함하여 15.4%가 부과된다. (　　)

23 주식의 직접발행은 발행기업이 중개기관을 거치지 않고 투자자에게 직접 주식을 팔아 자금을 조달하는 방식이다. (　　)

24 무상증자는 기업의 자기자본이 확대되기 때문에 기업이 재무구조를 개선하고 타인자본에 대한 의존도를 낮추는 대표적인 방법이다. (　　)

25 무상증자는 회사와 주주의 실질재산에 증가를 가져온다. (　　)

26 권리락일에는 신주인수권 가치만큼 기준주가가 하락하여 시작하게 된다. (　　)

27 주식배당은 주주들에게 배당을 하고 싶으나 기업이 재무적으로 어려움에 처해 있거나 투자계획 등으로 현금을 아껴야 할 필요가 있을 때 많이 이루어진다. (　　)

28 주식배당 시 주주들의 보유 주식 수는 늘어나는 만큼 실제 주주의 부(富)가 증가한다. (　　)

29 주식분할은 액면분할을 의미하며 주식병합은 가격이 낮은 주식을 적정수준까지 끌어올리기 위해 실시한다. (　　)

30 우선주는 배당이나 잔여재산분배에 있어서 채권과 보통주보다 우선순위에 있는 주식이다. (　　)

31 누적적 우선주는 우선주 소정 비율의 우선배당을 받고도 이익이 남는 경우에 다시 보통주 주주와 함께 배당에 참가할 수 있는 주식이다. (　　)

32 성장주는 배당소득보다는 자본이득에 중점을 두어야 하는 시기에 적합한 투자대상이다. (　　)

33 경기순환주로는 음식료, 제약, 가스, 전력업종 등의 주식들이 있다. (　　)

34 주식예탁증서(DR; Depositary Receipts)는 주식자국의 주식을 외국에서 거래하는 경우 발생하는 여러 문제를 해소하고자 외국의 예탁기관으로 하여금 해외 현지에서 증권을 발행 · 유통하게 함으로써 원래 주식과의 상호 전환이 가능하도록 한 주식대체증서이다. (　　)

35 우리나라의 주식 유통시장은 유가증권시장, 코스닥시장, 코넥스시장, K-OTC시장 등으로 구분된다. (　　)

36 K-OTC시장은 코스닥 전 단계의 주식시장으로 창업 초기의 중소기업을 위해 2013년 7월 개장했다. (　　)

정답 및 해설

19 ○
20 × 주주는 주주평등의 원칙에 따라 주주가 갖는 주식 수에 따라 평등하게 취급되므로 보유한 주식 지분만큼의 권리와 책임을 가진다.
21 ○
22 × 소액주주의 상장주식 매매차익에 대해서는 양도소득세가 없고 배당에 대해서만 배당소득세가 부과된다.
23 ○
24 × 유상증자에 대한 설명이다. 무상증자는 기존의 주주에게 그들이 소유한 주식의 비율로 새로운 주식을 무상으로 배부하는 것이다.
25 × 주금 납입 없이 이사회 결의로 준비금이나 자산재평가적립금 등을 자본에 전입하고 전입액 만큼 발행한 신주를 기존주주에게 보유 주식 수에 비례하여 무상으로 교부하는 것으로, 회사와 주주의 실질재산에는 변동이 없다.
26 ○
27 ○
28 × 주식배당 시 주주들의 보유 주식 수는 늘어나지만 실제 주주의 부(富)에는 변동이 없다.
29 ○
30 × 우선주는 배당이나 잔여재산분배에 있어서 사채권자보다는 우선순위가 낮으나 보통주 주주보다는 우선권이 있는 주식이다.
31 × 참가적 우선주에 대한 설명이다. 누적적 우선주는 당해 연도에 소정 비율의 우선배당을 받지 못하면 미지급배당금을 차 영업연도 이후에도 우선적으로 보충하여 배당받는 주식이다.
32 ○
33 × 경기순환주는 주로 경기에 따라 수요변화가 심한 건설, 자동차, 도매, 철강, 조선, 반도체산업 등에 해당하는 주식들로 경기민감주라고도 한다. 음식료, 제약, 가스, 전력업종 등의 주식은 경기방어주에 해당한다.
34 ○
35 ○
36 × 코넥스(KONEX; Korea New Exchange)에 대한 설명이다. K-OTC시장은 한국장외시장(Korea Over-The-Counter)의 약칭으로, 유가증권시장 · 코스닥 · 코넥스에서 거래되지 못하는 비상장주식 가운데 일정 요건을 갖추어 지정된 주식의 매매를 위해 한국금융투자협회가 개설 · 운영하는 제도화 · 조직화된 장외시장이다.

37 주식 매매체결방식은 가격우선원칙과 시간우선원칙을 적용하여 개별경쟁으로 매매거래가 체결된다. ( )

38 가격제한(price limit)제도는 전일 종가 대비 ±20% 이내에서 가격이 변동하여 상・하한가가 결정된다. ( )

39 매매가 체결된 주식의 결제시점은 체결일로부터 1영업일이다. ( )

40 이자나 배당 등 금융소득이 연간 총액이 2천만 원 초과하면 다른 소득과 합산하여 종합과세하고 2천만 원 이하인 경우는 분리과세 되어 다른 소득의 규모에 관계없이 일률적으로 14%의 소득세와 1.4%의 지방소득세를 합한 15.4%의 세금이 원천징수 된다. ( )

topic 8 채권투자

41 채권은 정부, 지방자치단체, 공공기관, 특수법인 또는 주식회사가 불특정 다수의 투자자를 대상으로 비교적 장기에 걸쳐 대규모 자금을 조달할 목적으로 발행하는 일종의 차용증서인 유가증권이다. ( )

42 채권의 발행자격을 갖춘 기관은 법으로 정해져 있는데 발행자격이 있으면 정부의 승인 없이 발행가능하다. ( )

43 주식시장과 동일하게 채권시장도 발행시장과 유통시장으로 구분한다. ( )

44 경상수익률(current yield)은 이자금액을 채권의 현재 시장가격으로 나눈 비율이라는 점에서 표면이자율과 동일하다. ( )

45 채권의 수익률은 베이시스포인트(bp; basis point)로 표시한다. 1bp는 1/100%(0.01% 또는 0.0001)에 해당한다. ( )

46 채권의 이자소득에 대해서는 이자소득세가 과세되지만 매매에 따른 자본이득에 대해서는 주식과 마찬가지로 과세되지 않는다. ( )

47 채권은 주식과 달리 어떠한 경우에도 원금이 보장된다. ( )

48 국채는 국가 신용도와 다른 신용도를 가진다. ( )

49 특수채는 특별한 법률에 의해서 설립된 기관이 특별법에 의하여 발행하는 채권으로서 공채와 사채의 성격을 모두 지니고 있으며 안전성과 수익성이 비교적 높다. (　　)

50 중기채는 상환기간이 1년 초과 3년 이하인 채권을 말한다. 우리나라에서는 대부분의 회사채 및 금융채가 만기 3년으로 발행되고 있다. (　　)

51 채권은 기간이 짧아져 감에 따라 다른 요인들이 모두 동일하다면 채권가격의 변동성은 증가한다. (　　)

52 할인채는 표면상 이자가 지급되지 않는 대신에 액면금액에서 상환일까지의 이자를 공제한 금액으로 매출되는 채권으로서 이자가 선급되는 효과가 있다. (　　)

53 후순위채권은 발행주체의 이익과 자산에 대한 청구권을 가지나 다른 무담보사채보다 우선권이 없는 채권이다. (　　)

54 전환사채(CB; Convertible Bond)는 순수한 회사채의 형태로 발행되지만 일정 기간이 경과된 후 보유자의 청구에 의하여 발행회사의 주식으로 전환될 수 있는 권리가 붙어 있는 사채이다. (　　)

정답 및 해설

37 ○
38 × 전일 종가 대비 ±30% 이내에서 가격이 변동하여 상・하한가가 결정된다.
39 × 매매가 체결된 주식의 결제시점은 체결일로부터 3영업일이다.
40 ○
41 ○
42 × 채권의 발행자격을 갖춘 기관은 법으로 정해져 있는데 발행자격이 있더라도 발행을 위해서는 정부로부터 별도의 승인을 얻어야 한다.
43 ○
44 × 경상수익률(current yield)과 표면이자율은 동일할 수도 있고 다를 수도 있다. 표면이자율(coupon rate)은 액면금액에 대하여 1년 동안 지급하는 이자금액의 비율을 나타내며 채권을 발행할 때 결정된다. 이표채의 경우 1회마다 이자를 받을 수 있는 이표(coupon)가 붙어 있으며, 할인채는 할인율로 표시한다.
45 ○
46 ○
47 × 발행기관의 경영이나 재무상태가 악화될 경우에는 약정한 이자 및 원금의 지급이 지연되거나 지급불능 상태가 되는 채무불이행 위험이 발생할 수 있다.
48 × 국채는 국회의 의결을 거쳐 국가가 재정정책의 일환으로 발행하는 채권으로 정부가 원리금의 지급을 보증하기 때문에 국가 신용도와 동일한 신용도를 가진다.
49 ○
50 × 중기채는 상환기간이 1년 초과 5년 이하인 채권을 말한다. 우리나라에서는 대부분의 회사채 및 금융채가 만기 3년으로 발행되고 있다.
51 × 채권은 기간이 짧아져 감에 따라 다른 요인들이 모두 동일하다면 채권가격의 변동성은 감소한다.
52 ○
53 ○
54 ○

55 신주인수권부사채(BW; Bond with Warrant)는 권리를 행사하면 채권은 소멸된다. ( )

56 신주인수권부사채는 보유자에게 유리한 선택권이 주어지기 때문에 다른 조건이 같다면 일반사채에 비해 높은 금리로 발행된다. ( )

57 교환사채(EB; Exchangeable Bond)는 회사채의 형태로 발행되지만 일정 기간이 경과된 후 보유자의 청구에 의하여 발행회사가 보유 중인 다른 주식으로의 교환을 청구할 수 있는 권리가 부여된 사채이다. ( )

58 조기상환권부채권(callable bond)은 발행 당시에 비해 금리가 하락한 경우에 발행회사가 기존의 고금리 채권을 상환하고 새로 저금리로 채권을 발행할 목적으로 주로 활용한다. ( )

59 조기변제요구권부채권(puttable bond)은 권리가 부여되지 않은 채권에 비해 높은 금리로 발행될 수 있다. ( )

60 변동금리부채권은 일반적으로 채권발행 시에 지급이자율의 결정방식이 약정되며 매번 이자지급기간 개시 전에 차기 지급이자율이 결정된다. ( )

61 자산유동화증권(ABS; Asset Backed Securities)은 금융회사가 보유 중인 자산을 표준화하고 특정 조건별로 집합(Pooling)하여 이를 바탕으로 증권을 발행한 후 유동화자산으로부터 발생하는 현금흐름으로 원리금을 상환하는 증권이다. ( )

62 우리나라에서 주로 발행되는 원금보장형 주가지수연계채권(ELN; Equity Linked Note)은 투자금액의 대부분을 일반 채권에 투자하고 나머지를 파생상품(주로 옵션)에 투자하는 방식으로 운용된다. ( )

63 물가연동채권(KTBi; Inflation-Linked Korean Treasury Bond)은 인플레이션 상황에서는 원금손실 위험도 있고 발행물량과 거래량이 적어 유동성이 떨어진다는 단점이 있다. ( )

64 하이브리드 채권은 통상 30년 만기의 장기채로 고정금리를 제공하고 청산 시 주식과 후순위채보다 변제가 앞선다는 장점이 있다. ( )

65 첨가소화채권은 정부나 지방자치단체 등이 공공사업 추진을 위해 재원을 조달하고자 할 때 관련 국민들에게 법률에 의해 강제로 매입하게 하는 준조세로서의 성격을 가지고 있다. ( )

66 소액국공채 매매거래제도를 적용받는 거래대상 채권은 제1종 국민주택채권, 서울도시철도 채권 및 서울특별시 지역개발채권, 지방공기업법에 의하여 특별시, 광역시 및 도가 발행한 지역개발공채증권, 주요 광역시 발행 도시철도채권 등이 있다. ( )

topic 9 증권분석

67 기본적 분석은 시장에서 증권에 대한 수요와 공급에 의해서 결정되는 시장가격이 그 증권의 내재가치(intrinsic value)와 동일하지 않을 수 있다는 전제하에 증권의 내재가치를 중점적으로 분석하는 방법이다. (　　)

68 기본적 분석에는 경제분석, 산업분석, 기업분석으로 이어지는 재무적 분석과 재무제표를 중심으로 기업의 재무상태와 경영성과를 평가하는 환경적 분석이 포함된다. (　　)

69 호황기에는 강한 기업이나 약한 기업 모두 높은 실적을 거두지만 불황기에는 강한 기업까지도 번창하기 어렵기 마련이므로 하향식 분석이 중요하다. (　　)

70 내재가치보다 저평가된 주식을 찾아 장기적으로 보유하고 있으면 언젠가는 적정 가치를 찾아가리라는 믿음을 갖고 투자하는 방법은 하향식 분석에 해당한다. (　　)

정답 및 해설

55 × 신주인수권부사채(BW; Bond with Warrant)는 전환사채와 달리 발행된 채권은 그대로 존속하는 상태에서 부가적으로 신주인수권이라는 옵션이 부여되어 있다.
56 × 신주인수권부사채는 보유자에게 유리한 선택권이 주어지기 때문에 다른 조건이 같다면 일반사채에 비해 낮은 금리로 발행된다.
57 ○
58 ○
59 × 조기변제요구권부채권(puttable bond)은 채권투자자에게 유리한 조건이기 때문에 이러한 옵션이 부가된 조기변제요구권부채권은 그렇지 않은 채권에 비해 낮은 금리로 발행될 수 있다.
60 ○
61 ○
62 ○
63 × 물가연동채권(KTBi; Inflation-Linked Korean Treasury Bond)은 물가가 지속적으로 하락하는 디플레이션 상황에서는 원금손실 위험도 있고 발행물량과 거래량이 적어 유동성이 떨어진다는 단점이 있다.
64 × 하이브리드 채권은 통상 30년 만기의 장기채로 고정금리를 제공하고 청산 시 주식보다 변제가 앞선다는 점단, 후순위채보다는 후 순위이다.
65 ○
66 ○
67 ○
68 × 기본적 분석에는 경제분석, 산업분석, 기업분석으로 이어지는 환경적 분석과 재무제표를 중심으로 기업의 재무상태와 경영성과를 평가하는 재무적 분석이 포함된다.
69 ○
70 × 내재가치보다 저평가된 주식을 찾아 장기적으로 보유하고 있으면 언젠가는 적정 가치를 찾아가리라는 믿음을 갖고 투자하는 방법은 상향식 분석에 해당한다.

71 과거 주가흐름을 보여주는 주가 차트(chart)를 분석하여 단기적인 매매 타이밍을 잡는 데 이용하는 것은 기본적 분석이다. ( )

72 기술적 분석은 증권의 수요와 공급이 이성적인 요인뿐만 아니라 비이성적인 요인이나 심리적 요인에 의해서도 결정된다는 것을 전제한다. ( )

73 상장기업은 기업공시제도(corporate disclosure system)에 따라 자사 증권에 대한 투자판단에 중대한 영향을 미칠 수 있는 중요한 기업 정보를 반드시 공시할 의무는 없다. ( )

74 경영실적 정보가 예상을 크게 상회하는 경우는 '어닝 서프라이즈(earning surprise)'라고 하여 주가가 크게 상승하고, 예상에 크게 못 미칠 때에는 '어닝 쇼크(earning shock)'라고 하며 주가가 폭락하는 경우도 있다. ( )

75 적대적 M&A 시도로 인한 지분경쟁의 경우에는 피인수기업의 주가가 급등하지만 실패로 끝나면 주가가 폭락할 수도 있다. ( )

76 상장기업은 임의적으로 필요에 따라 재무제표를 작성하고 회계감사를 받아 공개해야 한다. 만약 고의나 실수로 잘못된 회계정보를 제공할 경우에는 법적인 책임을 지게 된다. ( )

77 제조업의 경우에는 대략 자기자본 대비 총부채의 비율이 200% 이내의 부채를 가이드라인으로 삼고 있다. ( )

78 부채비율 = 총부채 ÷ 총자산이다. ( )

79 이자보상배율이 1보다 크다면 영업이익으로 이자비용도 감당하지 못한다는 의미로 기업이 심각한 재무적 곤경에 처해 있다고 볼 수 있다. ( )

80 유동성 비율이 지나치게 높으면 적은 자금을 수익성이 낮은 현금성 자산으로 운용하고 있다는 의미도 있다. ( )

81 재고자산회전율이 하락하고 있으면 매출이 둔화되고 있거나 재고가 누적되어 있다는 의미가 된다. ( )

82 자기자본이익률(ROE; Return on Equity) = 순이익 ÷ 자기자본이다. ( )

83 근본적으로 회계정보는 과거의 결과를 정리한 것이고 주가는 미래의 가능성을 반영하고 있다. ( )

84 재무제표는 화폐단위로 표시할 수 없는 항목까지도 잘 반영하는 장점이 있다. ( )

85 주가이익비율이 상대적으로 높으면 주가가 저평가되어 있다는 것을 의미하며 낮으면 고평가되어 있다는 것을 의미한다. ( )

86 물론 PBR이 지나치게 높으면 주가가 장부상의 기업 가치에 비해 저평가되었다고 인식되지만 미래 성장성이 큰 기업의 주가는 PBR이 낮은 경향이 있다. ( )

87 주당순자산은 기업 청산 시 장부상으로 주주가 가져갈 수 있는 몫을 나타낸다. ( )

정답 및 해설

71 × 과거 주가흐름을 보여주는 주가 차트(chart)를 분석하여 단기적인 매매 타이밍을 잡는 데 이용하는 것은 기술적 분석이다.

72 ○

73 × 상장기업은 기업공시제도(corporate disclosure system)에 따라 자사 증권에 대한 투자판단에 중대한 영향을 미칠 수 있는 중요한 기업 정보를 반드시 공시하도록 되어 있다.

74 ○

75 ○

76 × 상장기업은 반드시 정기적으로 재무제표를 작성하고 회계감사를 받아 공개해야 한다. 만약 고의나 실수로 잘못된 회계정보를 제공할 경우에는 법적인 책임을 지게 된다.

77 ○

78 × 부채비율 = 총부채 ÷ 자기자본이다.

79 × 이자보상배율이 1보다 작다면 영업이익으로 이자비용도 감당하지 못한다는 의미로 기업이 심각한 재무적 곤경에 처해 있다고 볼 수 있다.

80 × 유동성 지표가 높을수록 단기부채를 상환하기 위한 유동자산 또는 당좌자산이 충분하다는 것을 뜻하지만 이 비율이 지나치게 높으면 불필요하게 많은 자금을 수익성이 낮은 현금성 자산으로 운용하고 있다는 의미도 있다.

81 ○

82 ○

83 ○

84 × 재무제표는 화폐단위로 표시할 수 없는 항목, 즉 경영자의 능력, 기술개발력, 브랜드 가치와 같은 질적 정보를 고려하지 못한다는 한계가 있다.

85 × 주가이익비율이 상대적으로 높으면 주가가 고평가되어 있다는 것을 의미하며 낮으면 저평가되어 있다는 것을 의미한다.

86 × 물론 PBR이 지나치게 높으면 주가가 장부상의 기업 가치에 비해 고평가되었다고 인식되지만 미래 성장성이 큰 기업의 주가는 PBR이 높은 경향이 있다.

87 ○

Step 02 객관식으로 실전연습

01 단리와 복리에 대한 설명으로 옳지 않은 것은?

① 단리 이자는 원금에 합산하지 않으며 따라서 이자에 대한 이자가 발생하지 않는다.
② 복리 이자는 원금뿐 아니라 발생한 이자도 재투자된다고 가정한다.
③ 1년 차에 단리 이자와 복리 이자는 동일하다.
④ 세금공제가 없다고 가정할 때 200만 원을 연 5%의 복리상품에 예치할 경우 원금이 두 배가 되기 위해서는 40년이 소요된다.

02 〈보기〉와 같은 조건일 때 단리 계산과 복리 계산에 대한 설명으로 옳지 않은 것은? 24. 계리직

보기

현재 원금	총 투자 기간	이자율
1,000,000원	5년	연 5%

① 단리 계산 시 5년 후의 원리금은 1,250,000원이 된다.
② 복리 계산 시 5년 후의 원리금 계산식은 1,000,000원$\times(1+0.05)^5$이다.
③ 총 투자 기간 중 처음 1년 거치기간에 대한 단리 계산과 복리 계산 결과의 원리금은 동일하지 않다.
④ 복리 계산 시 '72의 법칙'에 따라 10년 소요 기간 동안 현재 원금의 2배가 되려면 <보기>의 이자율보다 연 2.2%p가 더 높아야 한다.

03 〈보기〉에서 저축과 인플레이션에 대한 설명으로 옳은 것을 모두 고른 것은?

보기

ㄱ. 인플레이션은 지속적으로 물가가 상승하는 것을 의미한다.
ㄴ. 인플레이션이 발생하면 화폐가치가 상승한다.
ㄷ. 인플레이션율이 높을수록 저축한 돈의 가치를 유지하면서 소비를 미래로 늦추기는 어렵게 된다.
ㄹ. 저축의 실제가치는 인플레이션과 비례한다.

① ㄱ, ㄴ
② ㄱ, ㄷ
③ ㄴ, ㄹ
④ ㄷ, ㄹ

04 〈보기〉의 ( )에 들어갈 내용을 바르게 짝지은 것은?

보기
(가) 분리과세 시 이자소득세는 ( )이다.
(나) 분리과세 시 지방소득세를 포함한 이자소득세는 ( )이다.

	(가)	(나)
①	14%	14%
②	14%	15.4%
③	15.4%	15.4%
④	15.4%	16.2%

05 수익률에 대한 설명으로 옳지 않은 것은?

① 투자량에 비해 회수량이 적으면 양(+)의 수익이 발생하고 투자량에 비해 회수량이 많으면 음(−)의 수익이 발생한다.
② 기간 수익률을 연 수익률로 바꾸어 주는 연율화(annualization)를 하며 그 과정에서도 재투자를 가정한 복리를 적용하여 계산하는 것이 원칙이다.
③ 세금을 제외한 나머지가 실질적인 수익이 되므로 세전(before-tax) 수익률과 세후(after-tax) 수익률을 구분할 필요가 있다.
④ 기회비용은 어떤 행위를 하기 위해 포기해야 하는 다른 기회의 가치를 의미하는데 투자에도 적용될 수 있다.

정답 및 해설

01 ④ 72의 법칙에 따라 원금이 두 배가 되는 기간은 72 ÷ 5 = 14.4년이다.
02 ③ 총 투자 기간 중 처음 1년 거치기간에 대한 단리 계산과 복리 계산 결과의 원리금은 동일하다. 다만 이후에 단리는 원금이 늘어나지 않지만 복리는 늘어나므로 서로 달라진다.
03 ② ㄴ. 인플레이션이 발생하면 더 많은 돈을 주고 구매해야 하므로 화폐가치가 하락한다.
ㄹ. 저축의 실제가치는 인플레이션과 반비례한다.
04 ② 우리나라에서는 이자소득을 포함한 금융소득에 대해서 분리과세를 통해 금융회사가 일률적으로 14%(지방소득세를 포함하면, 15.4%)를 원천징수하고 나머지를 지급한다.
05 ① 투자량에 비해 회수량이 많으면 양(+)의 수익이 발생하고 투자량에 비해 회수량이 적으면 음(−)의 수익이 발생한다.

06 **투자의 위험(risk)에 대한 설명으로 옳지 않은 것은?** 24. 계리직

① 투자에서의 위험은 미래에 받게 되는 수익이 불확실성에 노출되는 정도를 의미하며 부정적 상황 외 긍정적 가능성도 포함된다.
② 분산투자를 통해서 위험의 크기를 줄일 수 없는 부분을 분산불가능 위험 또는 비체계적 위험이라고 한다.
③ 투자 레버리지 공식에 따르면 총 투자액 1천만 원 중 5백만 원이 자기 자본일 경우, 레버리지는 2배가 된다.
④ 투자의 기대수익률은 리스크가 없는 상태에서의 수익률인 무위험수익률과 리스크에 대한 보상으로 증가하는 기대수익률인 리스크 프리미엄을 합한 값과 같다.

07 **〈보기〉에서 위험에 대한 설명으로 옳은 것의 개수는?**

보기
ㄱ. 리스크가 클수록 기대수익률이 높음 단, 기대수익률이 실현수익률은 아님
ㄴ. 투자의 기대수익률 = 무위험수익률 − 리스크 프리미엄
ㄷ. 비체계적 위험(= 분산가능 위험): 분산투자를 통해서 위험을 줄일 수 있는 부분
ㄹ. 체계적 위험(= 분산불가능 위험): 분산투자로도 그 크기를 줄일 수 없는 부분

① 1개
② 2개
③ 3개
④ 4개

08 **레버리지 전략에 대한 설명으로 옳지 않은 것은?**

① 금융에서는 실제의 가격변동률보다 몇 배 많은 투자수익률이 발생하는 현상을 레버리지로 표현한다.
② 레버리지 효과를 유발하여 가격변동률보다 몇 배 많은 투자수익률이 발생하려면 투자액의 일부를 자신의 자본이 아닌 부채로 조달하여야 한다.
③ 투자 레버리지 = 총 투자액 / 부채액이다.
④ 부채 없이 자기자본만으로 사업을 하는 것은 불가능하고 또 재무적으로도 적절하지 못한 전략이다.

09 〈보기〉에서 투자에 대한 설명으로 옳은 것을 모두 고른 것은?

보기
ㄱ. 체계적 위험에는 근로자의 파업, 전쟁 등이 있다.
ㄴ. 비체계적 위험에는 경영자의 횡령, 산업재해 등이 있다.
ㄷ. 투자 레버리지 = 총 투자액 / 총자산이다.
ㄹ. 부채 없이 자기자본만으로 사업을 하는 것은 불가능하고 또 재무적으로도 적절하지 못한 전략이므로 감내할 만한 범위 내에서 기업이 적절한 부채를 사용하는 것은 바람직하다.

① ㄱ, ㄴ
② ㄱ, ㄷ
③ ㄴ, ㄹ
④ ㄷ, ㄹ

10 다음은 자본시장과 금융투자업에 관한 법률이다. 〈보기〉에서 옳은 것을 모두 고르시오.

보기
ㄱ. 전문투자자는 자본시장법에서 열거하지 않으면 일반투자자에 해당한다.
ㄴ. 체계적 위험은 분산투자로도 그 크기를 줄일 수 없는 부분으로, 세계 경제위기나 천재지변, 전쟁 등과 같이 모든 자산이나 투자 대상의 가치에 영향을 미치는 위험을 의미한다.
ㄷ. 금융투자상품은 원본의 손실 가능성이 없는 금융상품을 의미한다.
ㄹ. 투자권유는 투자자의 목적, 재산상태, 투자경험에 등을 고려해야한다는 것은 적정성의 원칙이다.

① ㄱ, ㄴ
② ㄱ, ㄹ
③ ㄴ, ㄷ
④ ㄷ, ㄹ

정답 및 해설

06 ② 분산투자를 통해서 위험의 크기를 줄일 수 없는 부분을 분산불가능 위험 또는 체계적 위험이라고 한다. 비체계적 위험은 분산투자를 통해 줄일 수 있는 부분이다.

07 ③ ㄴ. 투자의 기대수익률 = 무위험수익률 + 리스크 프리미엄
무위험수익률(risk-freerate of return) : 리스크가 전혀 없는 상태에서의 수익률
리스크 프리미엄(risk premium) : 리스크에 대한 보상으로 증가하는 기대수익률

08 ③ 투자 레버리지 = 총 투자액 / 자기자본이다.

09 ③ ㄱ. 체계적 위험에는 천재지변, 세계경제위기, 전쟁 등이 있다. 근로자의 파업은 비체계적위협이다.
ㄷ. 투자 레버리지 = 총 투자액 / 자기자본이다.

10 ① ㄷ. 금융투자상품은 원본의 손실 가능성(이를 '투자성'이라 한다)이 있는 금융상품을 의미한다.
ㄹ. 투자권유는 투자자의 목적, 재산상태, 투자경험에 등에 적합해야 한다는 것은 적합성의 원칙에 해당한다.

11 〈보기〉에서 자본시장법과 금융투자상품에 대한 설명으로 옳은 것을 모두 고른 것은?

보기

ㄱ. 국가, 한국은행, 은행, 증권회사 등 전문투자자는 자본시장법이 구체적으로 열거하는데, 여기에 해당하지 않으면 일반투자자에 해당한다.
ㄴ. 자본시장법에서는 종전과 달리 대상 상품을 일일이 열거하지 않고 앞으로 탄생할 수 있는 신상품까지 포괄하여 투자성의 특징을 갖는 모든 투자상품을 규율한다.
ㄷ. 권리취득에 소요되는 비용(투자금액)이 그러한 권리로부터 발생하는 금액보다 클 가능성이 없는 상품을 금융투자상품이라고 한다.
ㄹ. 표준투자권유준칙은 금융투자상품의 판매자만 숙지할 필요가 있다.

① ㄱ, ㄴ
② ㄱ, ㄷ
③ ㄴ, ㄹ
④ ㄷ, ㄹ

12 다음 주식투자에 대한 설명으로 옳지 않은 것은?

① 주주의 자익권은 자신의 재산적 이익을 위해 인정되는 권리이다.
② 주주의 공익권은 회사 전체의 이익과 관련된 권리이다.
③ 주식투자를 통해 얻을 수 있는 수익에는 자본이득(= 주식매매차익)과 배당금이 있다.
④ 주식은 부동산 및 실물자산을 보유한 기업에 대한 소유권을 나타내므로 물가가 오르면 그만큼 소유자산 가치가 올라 주식의 가격도 오르는 경향이 있다.

13 주식과 주주에 대한 설명으로 옳지 않은 것은?

① 주식은 주식회사의 자본을 구성하는 단위이며 주식회사에 투자하는 재산적 가치가 있는 유가증권이다.
② 법률상 반드시 의사결정기관인 주주총회, 업무집행의 대표기관인 이사회 및 대표이사, 감독기관인 감사를 두어야 한다.
③ 주식을 보유한 주주는 회사가 망하는 경우에는 남은 재산에 대한 잔여재산 분배청구권을 가진다.
④ 주식회사의 주주는 무한책임을 원칙으로 하므로 회사에 발생한 부채에 대해 공동책임을 진다.

14 〈보기〉에서 자익권에 해당하는 것은 몇 개인가?

보기

ㄱ. 이익배당청구권
ㄴ. 신주인수권
ㄷ. 회계장부 열람청구권
ㄹ. 무기명주권의 기명주권으로의 전환청구권

① 1개
② 2개
③ 3개
④ 4개

15 다음은 주식투자의 특성에 대한 설명이다. 옳은 것을 모두 고르시오.

보기

ㄱ. 주식은 위험자산이어서 높은 수익을 기대할 수 있는 만큼 위험 또한 크다.
ㄴ. 부동산과 달리 주식은 증권시장을 통하여 자유롭게 사고팔고 거래비용도 저렴하며 매매절차가 간단하다.
ㄷ. 소액주주의 상장주식 매매차익과 배당에 모두 소득세가 부과되지 않는다.
ㄹ. 이자율이 오르면 주가는 상승하는 경향이 있다.

① ㄱ, ㄴ
② ㄱ, ㄹ
③ ㄴ, ㄷ
④ ㄷ, ㄹ

정답 및 해설

11 ① ㄷ. 권리취득에 소요되는 비용(투자금액)이 그러한 권리로부터 발생하는 금액보다 클 가능성이 있는(원금손실의 가능성이 있는) 상품을 금융투자상품이라고 한다.
ㄹ. 표준투자권유준칙은 금융투자상품의 판매자인 금융회사와 소속 직원들의 입장에서 투자권유를 함에 있어서 꼭 지켜야 할 기준과 절차이며, 금융투자상품의 구매자인 투자자도 숙지할 필요가 있다.

12 ② 주주의 공익권은 회사 전체의 이익과 관련된 권리로 주주총회에서 이사 선임 등 주요 안건에 대한 의결에 지분 수에 비례하여 참여할 수 있는 의결권, 회계장부와 관련된 주요 정보의 열람을 청구할 수 있는 회계장부 열람청구권, 이미 선임된 이사를 임기 전이라도 일정 수 이상의 주주의 동의를 얻어 해임을 요구할 수 있는 이사해임청구권, 일정 수 이상의 주주 동의로 임시 주주총회 소집을 요구할 수 있는 주주총회 소집요구권 등이 포함된다.

13 ④ 주식회사의 주주는 유한책임을 원칙으로 하므로 출자한 자본액의 한도 내에서만 경제적 책임을 진다.

14 ③ 공익권은 주주총회에서 이사 선임 등 주요 안건에 대한 의결에 지분 수에 비례하여 참여할 수 있는 의결권, 회계장부와 관련된 주요 정보의 열람을 청구할 수 있는 회계장부 열람청구권, 이미 선임된 이사를 임기 전이라도 일정 수 이상의 주주의 동의를 얻어 해임을 요구할 수 있는 이사해임청구권, 일정 수 이상의 주주 동의로 임시 주주총회 소집을 요구할 수 있는 주주총회 소집요구권 등이 있다.

15 ① ㄷ. 소액주주의 상장주식 매매차익에 대해서는 양도소득세가 없음 : 배당에 대해서만 배당소득세가 부과된다.
ㄹ. 이자율이 오르면 주가는 하락하는 경향이 있다.

16 **다음 주식의 발행에 대한 설명으로 옳지 않은 것은?**

① 직접발행은 발행기업이 중개기관을 거치지 않고 투자자에게 직접 주식을 팔아 자금을 조달하는 방식으로 유상증자를 통해 기존 주주 또는 제3자에게 주식을 배정하는 경우에 주로 사용된다.
② 간접발행은 전문성과 판매망을 갖춘 중개기관을 거쳐 주식을 발행하는 방식으로 최초기업공개 시에는 대부분 이 방식이 사용된다.
③ 유상증자는 기업의 자기자본이 확대되기 때문에 기업이 재무구조를 개선하고 타인자본에 대한 의존도를 낮추는 대표적인 방법이다.
④ 무상증자는 주금 납입 없이 이사회 결의로 준비금이나 자산재평가적립금 등을 자본에 전입하고 전입액 만큼 발행한 신주를 기존주주에게 보유 주식 수에 비례하여 무상으로 교부하는 것으로, 회사와 주주의 실질재산을 늘리는 효과를 가진다.

17 **유상증자와 무상증자에 대한 설명으로 옳지 않은 것은?**

① 자금조달을 위해 기업이 유상증자를 할 경우 원활한 신주 매각을 위해 일반적으로 20 ~ 30% 할인하여 발행한다.
② 유상증자 방식으로는 주주배정방식, 주주우선공모방식, 제3자 배정방식, 일반공모방식 등이 있다.
③ 무상증자가 실행되더라도 회사와 주주의 실질재산에는 변동이 없다.
④ 권리락일에는 신주인수권 가치만큼 기준주가가 상승하여 시작하게 된다.

18 **〈보기〉에서 주식배당과 주식분할 및 병합에 대한 설명으로 옳지 않은 것을 모두 고른 것은?**

보기

ㄱ. 주식배당 시 신주발행가격은 시가로 정해진다.
ㄴ. 주식배당 시 각 주주들의 지분율에도 변동이 생기는 것이 일반적이다.
ㄷ. 주식분할은 많은 투자자들에게 그 기업의 주식을 매수할 수 있게 하기 위해 주식의 시장가격을 낮추고자 할 때 발생한다.
ㄹ. 주식병합은 주가가 아주 낮은 경우 주가를 적정수준까지 끌어올리기 위해 실시한다.

① ㄱ, ㄴ　　② ㄱ, ㄷ
③ ㄴ, ㄹ　　④ ㄷ, ㄹ

19 다음은 주식의 종류에 대한 설명이다. 옳은 것을 모두 고르시오.

보기

ㄱ. 보통주에 대한 투자는 채권에 비해 투자위험이 낮다.
ㄴ. 우선주는 의결권 제한으로 대주주 입장에서는 경영권에 대한 위협 없이 자기자본을 조달하는 수단이 된다.
ㄷ. 성장주는 기업의 영업실적이나 수익 증가율이 시장평균보다 높을 것으로 기대되는 주식이다.
ㄹ. 경기순환주는 경제의 활동수준에 따라 기업의 영업실적이나 수익의 변화가 심한 주식으로 음식료, 제약, 가스, 전력업종 등의 주식들이 해당된다.

① ㄱ, ㄴ
② ㄱ, ㄹ
③ ㄴ, ㄷ
④ ㄷ, ㄹ

20 〈보기〉의 (　　)에 들어갈 내용을 바르게 짝지은 것은?

보기

(가) (　　): 주식의 내재가치보다 현재의 주가수준이 낮게 형성되어 있으나 기업의 이익이나 자산의 구조를 볼 때 앞으로 가격이 오를 것으로 생각되는 주식
(나) (　　): 당해 연도에 소정 비율의 우선배당을 받지 못하면 미지급배당금을 차 영업연도 이후에도 우선적으로 보충하여 배당받는 주식
(다) (　　): 경제의 활동수준에 따라 기업의 영업실적이나 수익의 변화가 심한 주식

	(가)	(나)	(다)
①	성장주	누적적 우선주	경기방어주
②	가치주	참가적 우선주	경기순환주
③	성장주	누적적 우선주	경기순환주
④	가치주	참가적 우선주	경기방어주

정답 및 해설

16 ④ 무상증자는 주금 납입 없이 이사회 결의로 준비금이나 자산재평가적립금 등을 자본에 전입하고 전입액 만큼 발행한 신주를 기존주주에게 보유 주식 수에 비례하여 무상으로 교부하는 것으로, 회사와 주주의 실질재산에는 변동이 없다.

17 ④ 권리락일에는 신주인수권 가치만큼 기준주가가 하락하여 시작하게 된다.

18 ① ㄱ. 주식배당 시 신주발행가격은 액면가로 정해진다.
ㄴ. 주식배당 시 주주들은 자신의 보유주식 수에 비례하여 주식배당을 받아 각 주주들의 지분율에도 변동이 없다.

19 ③ ㄱ. 보통주에 대한 투자는 미래의 배당금 수령이나 주가의 불확실성으로 투자위험이 높으며, 그만큼 높은 수익이 기대되는 투자대상이기도 한다.
ㄹ. 경기순환주는 경제의 활동수준에 따라 기업의 영업실적이나 수익의 변화가 심한 주식으로 주로 경기에 따라 수요변화가 심한 건설, 자동차, 도매, 철강, 조선, 반도체산업 등에 해당하는 주식들로 경기 민감주라고도 한다.

20 ③ 성장주 – 누적적 우선주 – 경기순환주에 대한 설명이다.

21 **주식거래와 관련된 설명으로 옳지 않은 것은?**

① 주식의 체결 시 매수주문의 경우 가장 높은 가격을, 매도주문의 경우 가장 낮은 가격을 우선적으로 체결하고 동일한 가격의 주문 간에는 시간상 먼저 접수된 주문을 체결한다.
② 대부분의 주식거래는 시장가 주문에 의해 이루어지고 지정가 주문은 거래량이 갑자기 증가하면서 주가가 급등하는 종목을 매수하고자 할 때 종종 이용된다.
③ 매매가 체결된 주식의 결제시점은 체결일로부터 3영업일이다.
④ 이자나 배당 등 금융소득이 연간 총액이 2천만 원 초과하면 다른 소득과 합산하여 종합과세한다.

22 **주식투자와 채권투자에 대한 설명으로 옳은 것은?** 24. 계리직

① 유상증자는 기업의 자기자본이 확대되기 때문에 기업의 재무구조를 개선하고 타인 자본에 대한 의존도를 낮춘다.
② 우선주는 배당이나 잔여재산분배에 있어 사채권자보다 우선순위가 높은 주식을 말하며 의결권이 제한되는 특징이 있다.
③ 교환사채는 회사채의 형태로 발행되지만 일정 기간이 경과된 후 보유자의 청구에 의하여 발행 회사의 주식으로 교환할 수 있다.
④ 주식 분할은 현금 대신 주식으로 배당을 실시하여 이익을 자본으로 전입하는 것을 의미하며 기업이 재무적으로 어렵거나 현금을 아껴야 할 필요가 있을 때 이루어진다.

23 **주식투자 및 채권투자의 주요 내용에 대한 설명으로 옳은 것을 모두 고른 것은?** 21. 계리직

ㄱ. 신종자본증권은 대부분 발행 후 5년이 지나면 투자자가 채권에 대해 상환을 요구할 수 있는 풋옵션이 부여되어 있다.
ㄴ. 채권의 가격은 시장금리 및 발행기관의 신용 변화에 영향을 받아 변동하게 되며, 다른 요인들이 모두 동일하다면 채권은 잔존기간이 짧아질수록 가격의 변동성이 증가한다.
ㄷ. 유상증자는 기업의 재무구조를 개선하고 타인자본에 대한 의존도를 낮출 수 있는 반면, 무상증자는 회사와 주주의 실질재산에는 변동이 없다. 유・무상증자 권리락일에는 신주인수권 가치만큼 기준 주가가 하락한 상태에서 시작하게 된다.
ㄹ. 2021.3.9.(화)에 유가증권시장에서 매입한 주식(전일종가 75,000원)의 당일 중 최소 호가 단위는 100원이며, 주중에 다른 휴장일이 없다면 2021.3.11.(목) 개장 시점에 증권계좌에서 매입대금은 출금되고 주식은 입고된다.

① ㄱ, ㄴ　　② ㄱ, ㄹ
③ ㄴ, ㄷ　　④ ㄷ, ㄹ

24 다음 채권에 대한 설명으로 옳지 않은 것은?

① 채권은 주식처럼 유통시장에서 자유롭게 매매할 수 있다.
② 채권은 발행 시에 발행자가 지급하여야 할 약정이자와 만기 시 상환해야 할 금액이 사전에 확정되며, 발행자의 영업실적과 무관하게 이자와 원금을 상환해야 한다.
③ 채권의 수익성이란 투자자가 채권을 보유함으로써 얻을 수 있는 수익으로서 이자소득과 자본소득, 배당소득이 있다.
④ 채권은 정부, 지방자치단체, 금융회사 또는 신용도가 높은 주식회사 등이 발행하므로 채무불이행 위험이 상대적으로 낮다.

25 채권에 대한 설명으로 옳지 않은 것은? 23. 계리직

① 채권은 정부, 지방자치단체, 금융회사 또는 신용도가 높은 주식회사 등이 발행하므로 채무불이행 위험이 상대적으로 낮다.
② 전환사채는 발행회사가 보유 중인 타 회사의 주식을 보유하게 되는 반면 교환사채는 발행회사의 주식을 보유하게 된다는 점에서 차이가 있다.
③ 우리나라에서 주로 발행되는 주가지수연계채권(원금보장형)은 투자금액의 대부분을 일반채권에 투자하고 나머지를 파생상품(주로 옵션)에 투자하는 방식으로 운용된다.
④ 첨가소화채권은 주택 또는 자동차를 구입하거나 부동산을 담보로 대출을 받을 때 의무적으로 매수해야 하는 채권으로 정부나 지방자치단체 등이 공공사업추진을 위한 재원을 조달하려는 목적으로 발행하는 채권이다.

정답 및 해설

21 ② 원하는 매수나 매도 가격을 지정하여 주문하는 지정가주문(limit order)과 가격을 지정하지 않고 주문시점에서 가장 유리한 가격에 우선적으로 거래될 수 있도록 주문하는 시장가주문(market order)이 있다. 대부분의 주식거래는 지정가 주문에 의해 이루어지고 시장가 주문은 거래량이 갑자기 증가하면서 주가가 급등하는 종목을 매수하고자 할 때 종종 이용된다.

22 ④ 주식 배당에 대한 설명이다. 주식분할은 주식의 가격이 너무 높을 때 분할하여 가격을 낮추려는 것을 의미한다.

23 ④ ㄱ. 신종자본증권은 대부분 발행 후 5년이 지나면 투자자가 채권에 대해 상환을 요구할 수 있는 콜옵션(조기상환권)이 부여되어 있다.
ㄴ. 채권의 가격은 시장금리 및 발행기관의 신용 변화에 영향을 받아 변동하게 되며, 다른 요인들이 모두 동일하다면 채권은 잔존기간이 짧아질수록 가격의 변동성이 감소한다.

24 ③ 채권의 수익성이란 투자자가 채권을 보유함으로써 얻을 수 있는 수익으로서 이자소득과 자본소득이 있다. 배당소득은 주식에 대한 설명이다.

25 ② 전환사채는 전환을 통해 발행회사의 주식을 보유하게 되는 반면 교환사채는 발행회사가 보유 중인 타 회사의 주식을 보유하게 되는 점에서 차이가 있다.

26 〈보기〉에서 채권에 대한 설명으로 옳은 것을 모두 고른 것은?

보기
ㄱ. 채권은 주식처럼 유통시장에서 자유롭게 매매할 수 없다.
ㄴ. 채권은 발행자의 영업실적에 따라 이자와 원금 상환여부가 결정된다.
ㄷ. 주식과 달리 채권은 원금과 이자의 상환기간이 발행할 때 정해지는 기한부증권이다.
ㄹ. 채권은 발행자로 하여금 장기적으로 안정적인 자금을 조달할 수 있게 한다.

① ㄱ, ㄴ ② ㄱ, ㄷ
③ ㄴ, ㄹ ④ ㄷ, ㄹ

27 채권의 특징에 대한 설명으로 옳지 않은 것은?

① 채권은 주식과 달리 이자소득과 자본소득에 모두 과세한다.
② 채권은 정부, 지방자치단체, 금융회사 또는 신용도가 높은 주식회사 등이 발행하므로 채무불이행 위험이 상대적으로 낮다.
③ 시장가격이 매입가격보다 낮아질 때에는 자본손실의 가능성이 있다.
④ 채권의 매매는 기관투자자 간의 거액거래가 일반적이지만 소액채권의 경우 개인투자자들도 증권회사를 통해 쉽게 참여할 수 있다.

28 다음은 특수한 형태의 채권에 대한 설명이다. 옳은 것을 모두 고르시오.

보기
ㄱ. 전환사채는 보유자가 자신에게 유리할 때만 전환권을 행사하여 추가적인 수익을 꾀할 수 있는 선택권이 주어지기 때문에 다른 조건이 동일하다면 일반사채에 비해 낮은 금리로 발행된다.
ㄴ. 신주인수권부 사채는 전환사채와 동일하게 권리를 행사할 경우 채권은 존속하지 않는다.
ㄷ. 조기변제요구권부채권(puttable bond)은 발행 당시에 비해 금리가 하락한 경우에 발행회사가 기존의 고금리 채권을 상환하고 새로 저금리로 채권을 발행할 목적으로 주로 활용한다.
ㄹ. 자산유동화증권(ABS; Asset Backed Securities)은 재무구조를 개선할 수 있으며, 신용보강을 통해 발행사 신용등급보다 높은 신용등급의 사채 발행으로 자금조달비용을 절감할수 있어 현금흐름 및 리스크 관리 차원에서 유용하다.

① ㄱ, ㄴ ② ㄱ, ㄹ
③ ㄴ, ㄷ ④ ㄷ, ㄹ

29 〈보기〉의 (　　)에 들어갈 내용을 바르게 짝지은 것은?

보기

(가) (　　): 국민주택채권(1종, 2종), 외국환평형기금채권, 재정증권
(나) (　　): 한국전력채권, 지하철공사채권, 토지주택채권, 도로공사채권, 예금보험공사채권, 증권금융채권
(다) (　　): 국민주택채권(1종, 2종), 지역개발채권

	(가)	(나)	(다)
①	국채	특수채	보증채
②	국채	특수채	복리채
③	지방채	금융채	복리채
④	특수채	국채	담보부채권

30 〈보기〉에서 신주인수권부 사채에 대한 설명으로 옳은 것을 모두 고른 것은?

보기

ㄱ. 전환사채와 달리 발행된 채권은 그대로 존속하는 상태에서 부가적으로 신주인수권이라는 옵션이 부여되어 있다.
ㄴ. 신주인수권은 정해진 기간 내에는 언제든지 행사할 수 있는 것은 아니다.
ㄷ. 신주인수권부사채의 발행조건에는 몇 주를 어느 가격에 인수할 수 있는지가 미리 정해져 있다.
ㄹ. 신주인수권부사채는 보유자에게 유리한 선택권이 주어지기 때문에 다른 조건이 같다면 일반사채에 비해 높은 금리로 발행된다.

① ㄱ, ㄴ　② ㄱ, ㄷ
③ ㄴ, ㄹ　④ ㄷ, ㄹ

정답 및 해설

26 ④ ㄱ. 채권은 주식처럼 유통시장에서 자유롭게 매매할 수 있다.
ㄴ. 채권은 발행자의 영업실적과 무관하게 이자와 원금을 상환해야 한다.

27 ① 채권의 이자소득에 대해서는 이자소득세가 과세되지만 매매에 따른 자본이득에 대해서는 주식과 마찬가지로 과세되지 않는다.

28 ② ㄴ. 신주인수권부 사채는 전환사채와 달리 발행된 채권은 그대로 존속하는 상태에서 부가적으로 신주인수권이라는 옵션이 부여되어 있으며 신주인수권은 정해진 기간 내에는 언제든지 행사할 수 있다.
ㄷ. 조기상환권부채권(callable bond)은 발행 당시에 비해 금리가 하락한 경우에 발행회사가 기존의 고금리 채권을 상환하고 새로 저금리로 채권을 발행할 목적으로 주로 활용한다.

29 ② 순서대로 국채 – 특수채 – 복리채에 대한 설명이다.

30 ② ㄴ. 신주인수권은 정해진 기간 내에는 언제든지 행사할 수 있다.
ㄹ. 신주인수권부사채는 보유자에게 유리한 선택권이 주어지기 때문에 다른 조건이 같다면 일반사채에 비해 낮은 금리로 발행된다.

31 **특수한 채권에 대한 설명으로 옳지 않은 것은?**

① 전환사채는 다른 조건이 동일하다면 일반사채에 비해 낮은 금리로 발행된다.
② 교환사채의 경우는 전환사채와 달리 발행회사가 보유 중인 자회사의 주식을 보유하게 된다는 점에서 차이가 있다.
③ 조기상환권부채권은 그런 조건이 없는 채권에 비해 높은 금리로 발행된다.
④ 조기변제요구권부채권은 그렇지 않은 채권에 비해 낮은 금리로 발행될 수 있다.

32 **〈보기〉에서 특수한 채권에 대한 설명으로 옳은 것을 모두 고른 것은?**

보기

ㄱ. 변동금리부 채권의 지급이자율은 기준금리(reference rate) + 가산금리(spread)로 구성된다.
ㄴ. 자산유동화 증권은 유동화 대상자산을 집합하여 특수목적회사(SPV; Special Purpose Vehicle)에 양도하고 그 자산을 기초로 자금을 조달하는 구조이다.
ㄷ. 물가연동채권은 물가상승률이 높아질수록 투자수익률도 낮아져 인플레이션 헤지 기능이 있다.
ㄹ. 하이브리드 채권은 변제 시 일반 후순위채권보다 늦은 후순위채라는 점에서 투자자에게 낮은 금리를 제공한다.

① ㄱ, ㄴ
② ㄱ, ㄷ
③ ㄴ, ㄹ
④ ㄷ, ㄹ

33 **다음에서 (가), (나)에 대한 설명으로 옳지 않은 것은?**

교사: 표의 (가), (나)는 대표적인 증권 상품인 주식 또는 채권에 해당합니다. (가), (나)의 일반적인 특징에 대해 알아봅시다.

구분	(가)	(나)
자본조달형태	A	자기 자본
소유자의 권리	확정 이자 수취	의결권 등
수익의 형태 및 성격	B	C

① A는 타인 자본, 즉 부채에 해당한다.
② 시세 차익은 B, C에 공통적으로 들어갈 수 있다.
③ 금리가 하락하면 (가)의 가격은 하락한다.
④ (가)와 달리 (나)는 원금 상환의 의무가 없다.

34 〈보기〉에서 증권투자 또는 증권분석에 대한 설명으로 옳은 것을 모두 고른 것은? 22. 계리직

보기

ㄱ. 무상증자와 주식배당은 주주들의 보유 주식 수가 늘어나고, 주주의 실질 재산에는 변동이 없다는 점에서 유사하다.

ㄴ. 전환사채(CB) 신주인수권부사채(BW)는 보유자에게 유리한 선택권이 주어지기 때문에 다른 조건이 동일하다면 일반사채에 비해 높은 금리로 발행된다.

ㄷ. 우선주와 채권은 회사경영에 대한 의결권이 없고, 법인이 우선주 배당금 또는 채권 이자 지급 시 비용처리를 할 수 없다는 공통점이 있다.

ㄹ. 이자보상배율이 높으면 이자 비용을 충당하기에 충분한 영업이익이 있다는 뜻이고 이자보상배율이 1보다 작다면 기업이 심각한 재무적 곤경에 처해 있다고 볼 수 있다.

① ㄱ, ㄷ
② ㄱ, ㄹ
③ ㄴ, ㄷ
④ ㄴ, ㄹ

정답 및 해설

31 ② 교환사채의 경우는 전환사채와 달리 발행회사가 보유 중인 타 회사의 주식을 보유하게 된다는 점에서 차이가 있다.

32 ① ㄷ. 물가연동채권은 물가상승률이 높아질수록 투자수익률도 높아져 인플레이션 헤지 기능이 있다.
ㄹ. 하이브리드 채권은 변제 시 일반 후순위채권보다 늦은 후순위채라는 점에서 투자자에게 높은 금리를 제공한다.

33 ③ (가)는 소유자가 확정 이자 수취라는 권리를 가지므로 채권이며, (나)는 소유자가 의결권을 가지므로 주식이다.
③ 금리가 하락하면 채권 만기 상환액의 현재 가치가 상승하므로 채권 가격은 상승한다.

오답체크

① 주식이 자기 자본인데 반해 채권은 발행자의 입장에서 돈을 빌리는 것이므로 타인 자본, 즉 부채이다.
② 채권의 투자 수익은 시세 차익과 이자 수입이다. 주식의 투자 수익은 시세 차익과 배당금이다. 따라서 채권과 주식의 공통된 수익 형태는 시세 차익이다.
④ 주식은 회사 소유권의 일부를 투자자에게 준다는 증표이다. 따라서 투자자로부터 돈을 빌린 증표인 채권과는 달리 원금 상환의 의무가 없다.

34 ② ㄴ. 전환사채(CB) 신주인수권부사채(BW)는 보유자에게 유리한 선택권이 주어지기 때문에 다른 조건이 동일하다면 일반사채에 비해 낮은 금리로 발행된다.
ㄷ. 법인이 채권의 이자를 지급하는 경우에는 비용처리를 할 수 있지만, 우선주 배당금을 지급하는 경우에는 법인의 비용처리가 불가하다.

35 기본적 분석에 대한 설명으로 옳지 않은 것은?

① 기본적 분석에서는 내재가치가 추정되면 이를 시장가격과 비교함으로써 과소 또는 과대평가된 증권을 발견하고, 이에 따라 매입 또는 매도 투자결정을 하여 초과수익을 추구한다.
② 기본적 분석에는 경제분석, 산업분석, 기업분석으로 이어지는 환경적 분석과 재무제표를 중심으로 기업의 재무상태와 경영성과를 평가하는 재무적 분석이 포함된다.
③ 일반 경제 → 특정 산업 → 최종적으로는 기업자체를 검토하는 분석방법은 하향식 방법이다.
④ 호황기에는 강한 기업이나 약한 기업 모두 높은 실적을 거두지만 불황기에는 강한 기업까지도 번창하기 어렵기 마련이므로 상향식 분석을 사용한다.

36 〈보기〉에서 기업정보에 대한 설명으로 옳은 것을 모두 고른 것은?

보기
ㄱ. 공시정보를 사전에 유출하여 사전정보를 이용한 투자는 언제나 가능하다.
ㄴ. 기업실적이 예상을 크게 상회하는 경우는 ‘어닝 서프라이즈(earning surprise)’라고 한다.
ㄷ. 적대적 M&A 시도로 인한 지분경쟁의 경우에는 인수성공 여부와 관계없이 피인수기업의 주가가 언제나 급등한다.
ㄹ. 주식시장에서는 갑자기 출현한 이슈나 재료에 따라 주가가 급등락하는 경우가 있는데 이를 테마주라고 한다.

① ㄱ, ㄴ
② ㄱ, ㄷ
③ ㄴ, ㄹ
④ ㄷ, ㄹ

37 기본적 분석에 대한 설명으로 옳지 않은 것은?

① 기본적 분석에는 경제분석, 산업분석, 기업분석으로 이어지는 환경적 분석과 재무제표를 중심으로 기업의 재무상태와 경영성과를 평가하는 재무적 분석이 포함된다.
② 기본적 분석에서 하향식(Top-down)분석은 일반 경제 → 특정산업 → 최종적으로는 기업자체를 검토하는 분석방법이다.
③ 기본적 분석은 시장에서 증권에 대한 수요와 공급에 의해서 결정되는 시장가격이 그 증권의 내재가치(intrinsic value)와 동일하지 않을 수 있다는 전제하에 증권의 내재가치를 중점적으로 분석하는 방법이다.
④ 기본적 분석은 과거 주가흐름을 보여주는 주가 차트(chart)를 분석하여 단기적인 매매 타이밍을 잡는 데 이용한다.

38 **기업정보에 대한 설명으로 옳지 않은 것은?**

① 상장기업은 기업공시제도(corporate disclosure system)에 따라 자사 증권에 대한 투자판단에 중대한 영향을 미칠 수 있는 중요한 기업 정보를 반드시 공시하도록 되어 있다.

② 예상을 크게 상회하는 경우는 '어닝 서프라이즈(earning surprise)', 예상에 크게 못 미칠 때에는 '어닝 쇼크(earning shock)'라고 한다.

③ 특히 적대적 M&A 시도로 인한 지분경쟁의 경우에는 피인수기업의 주가가 급락하는 경향이 있다.

④ 유행성 정보로 인해 비슷한 이슈를 가진 여러 종목의 주가가 동반 상승하는 '테마주'를 형성하기도 한다.

39 **부채비율은 부채총액을 자본총액으로 나누어 계산한다. 자산총액이 1500억 원인 Q기업의 기말 예상 부채비율은 300%다. 기말의 현금예금 보유액이 충분한 것으로 가정하면 부채비율 200%를 달성하기 위해 얼마의 부채 상환이 필요한가?**

① 100억 원
② 125억 원
③ 250억 원
④ 375억 원

정답 및 해설

35 ④ 상향식 분석은 내재가치보다 저평가된 주식을 찾아 장기적으로 보유하고 있으면 언젠가는 적정 가치를 찾아가리라는 믿음을 갖고 투자하는 방법이다. 지문은 하향식 방법을 의미한다.

36 ③ ㄱ. 공시정보를 사전에 유출하는 것은 불법이기 때문에 사전정보를 이용한 투자는 사실상 어렵다.
ㄷ. 적대적 M&A 시도로 인한 지분경쟁의 경우에는 피인수기업의 주가가 급등하지만 실패로 끝나면 주가가 폭락할 수도 있다.

37 ④ 기술적 분석은 과거 주가흐름을 보여주는 주가 차트(chart)를 분석하여 단기적인 매매 타이밍을 잡는 데 이용한다.

38 ③ 특히 적대적 M&A 시도로 인한 지분경쟁의 경우에는 피인수기업의 주가가 급등하지만 실패로 끝나면 주가가 폭락할 수도 있다.

39 ④ 자산은 자본과 부채의 합이다. 따라서 자산총액이 1500억 원인 Q기업의 기말 예상 부채비율이 300%라면 부채는 1125억 원, 자본은 375억 원이다. 이 기업이 부채비율을 200%로 낮추기 위해 상환할 부채를 x억 원이라 하면 (1125억 원 − x) ÷ 375 × 100 = 200이 돼야 한다. 이를 계산하면 x는 375억 원이 된다. 따라서 부채 375억 원을 추가 상환해야 한다.

40 재무제표를 활용해 기업의 재무 상태와 경영 성적을 진단하는 것을 재무비율 분석이라고 한다. 다음 중 안정성 비율과 관련이 없는 것은?

① 유동비율
② 부채비율
③ 이자보상배율
④ 총자산증가율

41 여러 가지 경영지표를 계산하는 방식으로 옳지 않은 것은?

① 배당성향 = (배당금 ÷ 자본금) × 100
② 부채비율 = (부채 ÷ 자기자본) × 100
③ 주가수익비율(PER) = 주가 ÷ 주당순이익
④ 주가순자산비율(PBR) = 주가 ÷ 주당순자산

42 다음은 재무비율에 대한 설명이다. 옳은 것을 모두 고르시오.

보기

ㄱ. 부채비율 = 총부채 ÷ 자기자본
ㄴ. 당좌비율 = (유동자산 − 재고자산) ÷ 유동부채
ㄷ. 자산회전율 = 당기순이익 ÷ 총자산
ㄹ. 주가이익비율 = 주가 ÷ 주당순자산

① ㄱ, ㄴ
② ㄱ, ㄹ
③ ㄴ, ㄷ
④ ㄷ, ㄹ

43 〈보기〉에서 재무제표에 대한 설명으로 옳은 것의 개수는?

> 보기
> ㄱ. 레버리지비율(leverage measures): 부채비율, 이자보상배율
> ㄴ. 유동성지표(liquidity measures): 유동비율, 당좌비율
> ㄷ. 활동성지표(activity measures): 자산회전율, 평균회수기간, 재고자산회전율
> ㄹ. 수익성 지표(earnings measures): 매출액순이익률, 매출액영업이익률, 총자산이익률, 자기자본이익률, 주가이익비율, 주가장부가치비율

① 0개 ② 1개
③ 2개 ④ 3개

정답 및 해설

40 ④ 재무비율 가운데 하나인 안정성 비율은 기업 재무상태의 안정성, 빚을 상환할 수 있는 능력을 나타낸다. 안정성 비율에는 유동비율(유동자산/유동부채), 부채비율(부채/자기자본), 이자보상배율(영업이익/지급이자), 자기자본비율(자기자본/자산) 등이 있다. 자기자본비율과 유동비율, 이자보상배율은 높을수록, 부채비율은 낮을수록 재무상태가 건실한 것으로 판단한다. 총자산 증가율은 수익성 지표로써 일반적으로 수익성 지표는 −증가율이라는 표현을 많이 쓴다.

41 ① 기업의 경영상태를 판단할 수 있는 수치・비율 등을 경영지표라 한다. 자기자본이익률(ROE)은 기업의 수익성을 나타내는 지표로 주주가 갖고 있는 지분에 대한 이익의 창출 정도를 나타낸다. 공식을 쉽게 기억하는 방법은 앞에 먼저 나열하는 것이 분모, 뒤에 나열하는 것이 분자이다. 배당성향은 배당금÷당기순이익×100 으로 당기순이익을 얼만큼 주주들에게 나누어 주었는가를 알 수 있다.

42 ① ㄷ. 자산회전율 = 매출액 ÷ 총자산
ㄹ. 주가이익비율(PER; Price Earning Ratio) = 주가 ÷ 주당순이익(EPS)

43 ④ 주가이익비율, 주가장부가치비율은 재무비율이 아닌 주가배수평가에 사용하는 지표이다.

우체국 금융 일반현황

Step 01 OX로 핵심잡기

topic 10 우체국 금융 일반현황

01 2018년 농어촌 등 금융소외 지역 서민들의 금융편익 증진 및 자산형성 지원을 위한 대국민 우체국 펀드판매를 실시하였다. ( )

02 우체국의 금융 업무는 「우정사업운영에 관한 특례법」에서 고시하는 우체국예금, 우체국보험, 우편환 · 대체, 외국환업무, 신용카드, 체크카드, 펀드판매, 전자금융서비스 등이 있다. ( )

03 우체국 금융은 은행법에 따른 은행업 인가를 받은 일반은행이나 보험업법에 따른 보험업 인가를 받은 보험회사와는 달리 「우체국예금 · 보험에 관한 법률」등 소관 특별법에 의해 운영되는 국영금융기관으로 대출, 신탁, 신용카드 등 일부 금융 업무에 제한을 받고 있다. ( )

04 우체국예금은 「우정사업운영에 관한 특례법」에 따라 우체국에서 취급하는 예금이다. ( )

05 우체국예금 상품은 크게 요구불예금과 저축성예금으로 구분할 수 있으며, 예금상품의 구체적인 종류 및 가입대상, 금리 등은 우정사업본부장이 정하여 고시하도록 하고 있다. ( )

06 예금 자체에 있어서는 타 금융기관 예금과 다를 바 없으나 일반법인 민법 · 상법에 의해 취급되는 타 금융기관 예금과는 달리 우체국예금은 소관법에 의하여 취급되어 특별법 우선 원칙에 따라 소멸시효 및 무능력자의 행위 등에 관하여 일반법과는 달리 특별 규정을 가진다. ( )

07 우체국보험은 동법에 따라 계약 보험금 한도액이 보험종류별로 피보험자 1인당 5천만 원으로 제한된다. ( )

08 우체국 금융 창구망을 통한 보편적 금융서비스 제공은 농 · 어촌지역에도 도시지역과 동일한 수준의 금융서비스를 제공하여 도시 · 농어촌간의 금융서비스 격차를 해소하는 데 크게 기여하고 있다. ( )

09 우체국은 「국가재정법」 및 「정부기업예산법」에 의거 IMF 외환 위기인 1998년부터 현재까지 사업상 이익 발생 시 이익금 중 일부를 국가 재정으로 귀속하고 있다. ( )

10 「우체국예금 · 보험에 관한 법률」에 의해 우체국 금융자금 중 일부를 공공자금관리기금에 예탁함으로써 국가의 재정 부담을 완화하고 있다. ( )

정답 및 해설

01 ○
02 × 신용카드는 포함하지 않는다.
03 ○
04 × 우체국예금은 「우체국예금 · 보험에 관한 법률」에 따라 우체국에서 취급하는 예금이다.
05 × 우체국예금 상품은 크게 요구불예금과 저축성예금으로 구분할 수 있으며, 예금상품의 구체적인 종류 및 가입대상, 금리 등은 과학기술정보통신부장관이 정하여 고시하도록 하고 있다.
06 ○
07 × 우체국보험은 동법에 따라 계약 보험금 한도액이 보험종류별로 피보험자 1인당 4천만 원으로 제한된다.
08 ○
09 ○
10 × 「공공자금관리기금법」에 의해 우체국 금융자금 중 일부를 공공자금관리기금에 예탁함으로써 국가의 재정 부담을 완화하고 있다.

Step 02 객관식으로 실전연습

01 우체국 금융에 대한 설명으로 옳은 것은? 22. 계리직

① 1905년부터 우편저금, 우편환과 우편보험을 실시하였다.
② 1982년 12월 제정된 「우체국예금 · 보험에 관한 법률」에 의거하여 1983년 1월부터 금융사업이 재개되었다.
③ 우체국의 금융업무에는 우체국예금, 우체국보험, 주택청약저축, 신탁, 펀드판매 등이 있다.
④ 우체국예금의 타인자본에는 예금을 통한 예수부채와 채권의 발행 등을 통한 차입부채가 있다.

02 우체국 금융의 연혁에 대한 설명으로 옳지 않은 것은?

① 1982년 12월 제정된 「우체국예금 · 보험에 관한 법률」에 의거하여 1983년 1월부터 금융사업이 재개되었다.
② 2007년 우체국 금융의 내실화 있는 성장과 책임경영 강화를 위하여 우체국예금과 보험의 조직을 분리하여 운영하였다.
③ 2012년부터 건전한 소비문화 조성을 위한 우체국 독자 체크카드 사업을 시작하였다.
④ 2018년 농어촌 등 금융소외 지역 서민들의 금융편익 증진 및 자산형성 지원을 위한 대국민 우체국 펀드판매를 실시하였다.

03 〈보기〉에서 우체국예금에 대한 설명으로 옳은 것을 모두 고른 것은?

보기
ㄱ. 주식 발행이 없으므로 자기자본에 자본금 및 주식발행 초과금이 없다.
ㄴ. 타인자본에는 예금을 통한 예수부채가 있을 수 있다.
ㄷ. 은행채의 발행 등을 통한 차입 혹은 금융기관 등으로부터의 차입을 통한 차입부채가 존재한다.
ㄹ. 시중은행과 동일하게 여신이 존재한다.

① ㄱ, ㄴ
② ㄱ, ㄷ
③ ㄴ, ㄹ
④ ㄷ, ㄹ

04 **우체국 금융업무에 대한 설명으로 옳지 않은 것은?**

① 우체국에서 취급하는 금융 관련 업무로는 우편환, 우편대체, 체크카드, 집합투자증권(펀드) 판매, 외국환, 전자금융 업무가 있다.
② 전국 우체국 금융창구를 업무 제휴를 통해 민영금융기관에 개방하여 신용카드 발급, 증권계좌 개설 등의 업무를 수행한다.
③ 우체국보험은 동법에 따라 계약 보험금 한도액이 보험종류별로 피보험자 1인당 4천만 원으로 제한된다.
④ 예금상품의 구체적인 종류 및 가입대상, 금리 등은 우정사업본부장이 정하여 고시하도록 하고 있다.

05 **〈보기〉에서 우체국 금융의 업무 범위에 해당하는 것의 총 개수는?** 24. 계리직

보기

ㄱ. 체크카드	ㄴ. 펀드판매	ㄷ. 증권계좌개설
ㄹ. 전자금융서비스	ㅁ. 우편환·대체	ㅂ. 신탁

① 2개 ② 3개
③ 4개 ④ 5개

정답 및 해설

01 ②
오답체크
① 우체국 금융은 1905년 우편저금과 우편환, 1929년 우편보험을 실시한 이후 전국 각지에 고루 분포되어 있는 우체국을 금융창구로 활용하여 국민들에게 각종 금융서비스를 제공하고 있다.
③ 우체국의 금융 업무는 「우정사업운영에 관한 특례법」에서 고시하는 우체국예금, 우체국보험, 우편환·대체, 외국환업무, 체크카드, 펀드판매, 전자금융서비스 등이 있다. 신탁, 신용카드 발행 등은 우체국 금융의 업무범위가 아니다.
④ 금융기관의 건전성 관리를 기준으로 볼 때 우체국예금은 일반은행과 달리 타인자본에는 예금을 통한 예수부채만 있고, 은행채의 발행 등을 통한 차입 혹은 금융기관 등으로부터의 차입을 통한 차입부채는 없다.
02 ③ 2011년부터 건전한 소비문화 조성을 위한 우체국 독자 체크카드 사업을 시작하였다. 2012년에는 2012년 스마트금융 시스템을 오픈하였다.
03 ① ㄷ. 은행채의 발행 등을 통한 차입 혹은 금융기관 등으로 부터의 차입을 통한 차입부채는 없다.
ㄹ. 우편대체 계좌대월 등 일부 특수한 경우를 제외하고는 여신이 없다.
04 ④ 예금상품의 구체적인 종류 및 가입대상, 금리 등은 과학기술정보통신부장관이 정하여 고시하도록 하고 있다.
05 ④ 신탁, 신용카드 발행 등은 우체국 금융의 업무범위가 아니다.

06 「우체국예금 · 보험에 관한 법률」과 동법 시행령 · 시행규칙에 관한 내용으로 옳은 것은? 21. 계리직

① 연면적의 100분의 20을 우정사업에 직접 사용하고 나머지는 영업시설로 임대하고자 하는 업무용 부동산은 우체국 예금자금으로 취득할 수 있다.
② 우체국 예금자금은 금융기관 또는 재정자금에 예탁하거나 1인당 2천만 원 이내의 개인 신용대출 등의 방법으로도 운용한다.
③ 우체국은 예금보험공사에 의한 예금자보호 대상 금융기관의 하나이지만, 특별법인 이 법에 의해 우체국예금(이자 포함)과 우체국보험계약에 따른 보험금 등 전액에 대하여 국가가 지급 책임을 진다.
④ 우체국 예금자금으로 「자본시장과 금융투자업에 관한 법률」에 따른 파생상품 거래 시 장내 파생상품 거래를 위한 위탁증거금 총액은 예금자금 총액의 100분의 20 이내로 한다.

07 〈보기〉에서 우체국 금융의 역할에 대한 설명으로 옳은 것의 개수는?

보기
ㄱ. 우체국 금융은 우체국 국사를 금융창구로 운영하며 민간 금융기관과의 다양한 제휴를 통해 시중은행 수준의 금융상품 및 서비스를 제공한다.
ㄴ. 우체국은 금융 사업을 함께 영위하며 금융 사업에서 발생한 수익의 일부를 지원하는 등 우편서비스의 지속적인 운영에 이바지하고 있다.
ㄷ. 우체국 금융에서 발생하는 이익잉여금을 통해 일반회계 전출(국가 재정으로의 이익금 귀속)과 공적자금 상환기금 등을 지원하고 있다.
ㄹ. 사회적 취약계층과 서민 · 소상공인을 대상으로 한 다양한 금융상품과 금융서비스를 출시하여 자산형성을 지원한다.

① 1개
② 2개
③ 3개
④ 4개

08 우체국 금융의 업무범위에 대한 설명으로 옳지 않은 것은?

① 우체국의 금융 업무는 「우정사업운영에 관한 특례법」에서 고시하는 우체국예금, 우체국보험, 우편환 · 대체, 외국환업무, 신용카드와 체크카드 발급, 펀드판매, 전자금융서비스 등이 있다.
② 우체국 금융의 경영주체는 국가로 사업의 영리만을 목적으로 하지 아니하며, 우체국예금의 원금과 이자 그리고 우체국보험의 보험금 등은 국가가 법으로 전액 지급을 보장한다.
③ 우편대체 계좌대월 등 일부 특수한 경우를 제외하고는 여신이 없다. 단, 환매조건부채권 매도 등을 통한 차입부채는 있을 수 있다.
④ 우체국은 주식 발행이 없으므로 자기자본에 자본금 및 주식발행 초과금이 없다.

09 **다음은 우체국 금융의 역할에 대한 설명이다. 옳은 것을 모두 고르시오.**

보기

ㄱ. 우체국 금융은 수익성과 관계없이 전국적으로 고르게 분포되어 있는 우체국 국사를 금융창구로 운영하며 기본적인 금융서비스를 제공한다.
ㄴ. 민간 금융기관과의 다양한 제휴를 통해 시중은행 수준의 금융상품 및 서비스를 제공한다.
ㄷ. 우체국 금융에서 발생하는 자본잉여금을 통해 일반회계 전출(국가 재정으로의 이익금 귀속)과 공적자금 상환기금 등을 지원하고 있다.
ㄹ. 우체국 금융은 금융상품과 서비스 제공에 있어서 우체국의 이윤추구를 목적으로 한다.

① ㄱ, ㄴ
② ㄱ, ㄹ
③ ㄴ, ㄷ
④ ㄷ, ㄹ

정답 및 해설

06 ①

오답체크

② 우체국 예금자금은 금융기관 또는 재정자금에 예탁하거나 자금중개회사를 통한 금융기관에 대여하는 방법으로도 운용한다. 개인에 대한 신용대출업무는 하고 있지 않다(우편대체 계좌대월 등 일부 특수한 경우를 제외하고는 여신이 없음).
③ 우체국은 예금보험공사에 의한 예금자보호 대상 금융기관이 아니지만, 특별법인 「우체국예금·보험에 관한 법률」에 의해 우체국예금(이자 포함)과 우체국보험계약에 따른 보험금 등 전액에 대하여 국가가 지급 책임을 진다.
④ 우체국 예금자금으로 「자본시장과 금융투자업에 관한 법률」에 따른 파생상품 거래 시 장내파생상품 거래를 위한 위탁증거금 총액은 예금자금 총액의 100분의 1.5 이내로 한다.

07 ④ 모두 옳은 지문이다.

08 ① 우체국의 금융 업무는 「우정사업운영에 관한 특례법」에서 고시하는 우체국예금, 우체국보험, 우편환·대체, 외국환업무, 체크카드, 펀드판매, 전자금융서비스 등이 있다. 신용카드는 발급하지 않는다.

09 ① ㄷ. 우체국 금융에서 발생하는 이익잉여금을 통해 일반회계 전출(국가 재정으로의 이익금 귀속)과 공적자금 상환기금 등을 지원하고 있다. 우체국은 주식을 발행하지 않으므로 자본잉여금은 존재하지 않는다.
ㄹ. 우체국 금융은 사기업이 아니므로 금융상품과 서비스 제공에 있어서 공공적 역할을 수행한다.

서호성 계리직 예금일반

기출&예상문제집

우체국 금융제도

Chapter

05 예금업무개론

Step 01 OX로 핵심잡기

topic 11 예금계약

01 예금계약은 예금자가 금전의 보관을 위탁하고 금융회사가 이를 승낙하여 자유롭게 운용하다가 같은 금액의 금전을 반환하면 되는 소비임치계약이다. ( )

02 금융회사는 상인이므로 금융회사와 체결한 예금계약은 상사임치계약이므로 예금채권은 3년의 소멸시효에 걸린다. ( )

03 민사임치의 경우와 동일하게 금융회사는 임치물에 대하여 주의의무를 부담한다. ( )

04 오늘날에는 금융회사의 예금계약 체결 시에 그러한 금전의 인도를 요하지 않은 예금(0원으로 통장개설)이 늘어가고 있는 실정을 감안하면 낙성계약이 대두되고 있다. ( )

05 보통예금 · 저축예금의 질권 설정과 양도가 불가능하다. ( )

06 정기적금은 또한 계약의 당사자 일방만이 채무를 부담하거나 또는 쌍방이 채무를 부담하더라도 그 채무가 서로 대가적 의미를 갖지 않는 편무계약으로 가입자는 월부금을 납입할 의무가 없다. ( )

07 당좌예금은 어음 · 수표의 지급 사무처리의 위임을 목적으로 하는 위임계약과 금전소비임치계약이 혼합된 계약이다. ( )

08 창구입금의 경우 예금계약을 요물소비임치계약으로 보는 견해와 낙성계약설로 보는 견해 두 가지가 있다. ( )

09 창구입금의 낙성계약설에 의하면 위와 같은 예금의 성립시기 문제를 예금반환청구권의 성립시기 문제로 다루게 된다는 점에 유의하여야 한다. ( )

10 점외수금의 경우 즉시 예금계약이 성립하는 것으로 보는 대상은 지점장(우체국장) 또는 대리권을 수여받은 자, 우체국 청원경찰 등이다. ( )

11 ATM에 의한 입금의 경우 예금계약이 성립하는 시기는 고객이 확인버튼을 누른 때라고 보는 것이 통설이다. (   )

12 타점권 입금의 경우 예금거래기본약관은 추심위임설의 입장을 취하여 증권으로 입금했을 때 금융회사가 그 증권을 교환에 돌려 부도반환시한이 지나고 결제를 확인했을 때에 예금계약이 성립한다고 규정한다. (   )

13 자점 발행의 자기앞수표의 경우에는 입금 즉시 예금계약이 성립한다. (   )

14 현금에 의한 계좌송금은 예금원장에 입금기장을 마친 때에 예금계약이 성립한다. (   )

15 약관의 장점은 기업에게는 계약체결에 소요되는 시간 · 노력 · 비용을 절약할 수 있고 그 내용을 완벽하게 구성할 수 있다는 것이다. (   )

16 대한민국 내의 우체국을 포함한 모든 금융회사는 동일한 약관체계를 가지고 있다. (   )

17 예금계약에 대해서는 당해 예금상품의 약관이 우선적으로 적용되고 그 약관에 규정이 없는 경우에는 예금별 약관, 예금거래기본약관의 내용이 차례로 적용된다. (   )

정답 및 해설

01 ○
02 × 금융회사는 상인이므로 금융회사와 체결한 예금계약은 상사임치계약이므로 예금채권은 5년의 소멸시효에 걸린다.
03 × 민사임치의 경우와는 달리 금융회사는 임치물에 대하여 주의의무가 가중되어 선량한 관리자의 주의의무를 부담한다.
04 ○
05 × 보통예금 · 저축예금의 질권 설정이 금지되어 있으나 다만 금융회사가 승낙하면 양도는 가능하다.
06 ○
07 ○
08 ○
09 ○
10 × 점외수금의 경우 즉시 예금계약이 성립하는 것으로 보는 대상은 지점장(우체국장) 또는 대리권을 수여받은 자 등이다. 우체국청원경찰은 포함하지 않는다.
11 ○
12 ○
13 ○
14 ○
15 ○
16 × 대한민국 내의 모든 금융회사는 동일한 약관체계를 가지고 있다(단, 우체국의 경우 시중은행과의 근거법 및 제도 운영상 차이로 인하여 일부분에 있어 차이가 존재한다).
17 ○

topic 12 예금거래의 상대방

18 제한능력자는 단독으로 유효한 법률행위를 하는 것이 제한되는 자로서 이에는 미성년자・피성년후견인・피한정후견인이 있다. (　　)

19 미성년자가 법정대리인의 동의 없이 법률행위를 한 때에는 법정대리인은 미성년자의 법률행위를 취소할 수 있다. (　　)

20 권리만을 얻거나 의무만을 면하는 행위도 취소사유가 될 수 있다. (　　)

21 법정대리인인 후견인은 피성년후견인의 행위를 동의하면 유효해질 수 있다. (　　)

22 피성년후견인의 행위가 가정법원이 정한 범위 또는 일상생활에 필요하고 대가가 과도하지 않는 법률행위라면 법정대리인이 취소할 수 없다. (　　)

23 가정법원은 본인, 배우자, 4촌 이내의 친족, 한정후견인, 한정후견감독인, 검사 또는 지방자치단체의 장의 청구에 의하여 한정후견인의 동의를 받아야만 할 수 있는 행위의 범위를 변경할 수 있다. (　　)

24 제한능력자의 보통, 당좌예금거래는 모두 허용하는 것이 원칙이다. (　　)

25 예금을 지급할 경우에는 이중지급의 위험이 있으므로 정당한 대리권자인지 여부를 확인하여야 한다. (　　)

26 예금거래기본약관상의 면책약관에 따라 통장 등을 제출받고 인감과 비밀번호가 일치하여 지급하였다는 사유만으로 항상 금융회사가 면책된다. (　　)

27 우리의 법제 아래에서는 법인의 자유설립주의가 허용되고 있다. (　　)

28 법 이론적으로 법인과 예금거래를 하려면, 진정한 대표자인지 여부와 대리인의 대리권의 존부나 대리권의 범위 등을 확인하여야 한다. (　　)

29 공동대표이사제도를 채택하고 있는 경우의 거래는 예금거래도 공동으로 하는 것이 원칙이다. (　　)

30 외국회사와의 거래는 외국회사의 대표자로 등기된 자에게 법인등기사항전부증명서를 징구하여 한국 내의 예금자와 예금거래를 하면 된다. (　　)

31 등기가 이루어지지 않은 외국회사라도 당좌계좌개설이 가능하다. ( )

32 국가나 지방자치단체와의 예금 거래행위의 법적성질이 공법관계인가 사법관계인가에 관하여 이론이 있을 수 있다. 그러나 통설은 이를 사법관계로 본다. ( )

33 민법은 법인격 없는 사단의 소유관계를 총유로 본다. ( )

34 민법은 법인격 없는 재단의 소유관계를 총유로 본다. ( )

35 조합 예금의 귀속관계는 조합원 전원의 준합유에 속하게 된다. ( )

정답 및 해설

18 ○
19 ○
20 × 권리만을 얻거나 의무만을 면하는 행위는 취소사유가 아니다.
21 × 법정대리인인 후견인은 피성년후견인을 대리하여 법률행위를 할 수 있고, 피성년후견인이 직접 한 법률행위를 취소할 수 있다.
22 ○
23 ○
24 × 당좌예금거래는 어음 · 수표의 지급사무를 위임하는 계약이므로 제한능력자의 단독거래는 허용하지 않는 것이 원칙이다.
25 ○
26 × 예금거래기본약관상의 면책약관에 따라 통장 등을 제출받고 인감과 비밀번호가 일치하여 지급하였다는 사유만으로 항상 금융회사가 면책되는 것은 아니다. 이러한 면책규정은 금융회사가 주의의무를 다한 경우에만 면책된다.
27 × 우리의 법제 아래에서는 법인의 자유설립주의가 배제되고 있다.
28 ○
29 ○
30 ○
31 × 등기가 이루어지지 않은 외국회사는 계속적 거래를 할 수 없으므로(상법 제616조), 계속적 거래를 전제로 하는 당좌계좌개설은 허용되지 않는다.
32 ○
33 ○
34 × 법인격 없는 재단은 권리능력이 없고, 법인격 없는 사단과 같은 구성원도 없으므로 그 예금의 귀속관계는 준총유나 준합유의 관계가 될 수 없다.
35 ○

topic 13 예금의 입금과 지급

36 입금 의뢰액보다 실제 확인된 금액이 적은 경우에 입금 의뢰액대로 예금계약이 성립함을 주장하기 위해서는 입금자가 그 입금 의뢰액을 입증할 책임을 부담한다. ( )

37 예금주가 오류입금인 사실을 알면서 예금을 인출하였다면 부당이득으로 반환하여야 한다. ( )

38 제3자가 그러한 사실을 모르고 그 예금에 대하여 질권을 취득하고 금전을 대부해 주었다거나 압류 · 전부명령을 받은 경우에는 그로 인한 손해를 즉, 예금액을 전부를 금융회사가 배상하여야 한다. ( )

39 직원이 입금조작을 잘못하여 착오계좌에 입금하고 정당계좌에 자금부족이 발생한 경우에는 금융회사의 과실에 의한 채무불이행으로 되어 그 손해를 배상하여야 한다. ( )

40 어음을 지급제시기간 내에 제시하지 못할 경우, 입금인은 배서인에 대하여 상환청구권을 상실하며 금융회사는 제시기일 경과로 인한 어음교환업무규약상의 과태료를 부담하게 한다. ( )

41 입금인은 증권을 입금시키고자 하는 경우 백지를 보충하여야 하며 금융회사는 백지보충의무를 부담하지 않는다. ( )

42 계좌송금의 경우에는 실명확인을 하지 않는다. ( )

43 현금 계좌송금의 경우에는 입금기장을 마친 시점에서, 타점권 계좌송금의 경우에는 부도반환시한이 지나고 결제를 확인한 시점에서 예금계약은 성립하고 위임계약은 종료되므로 그 이후 입금의뢰인은 그 입금의 취소를 주장할 수 없게 된다. ( )

44 착오송금 시 송금인은 수취인에게 부당이득반환청구가 가능하고, 수취인이 반환을 거부할 경우 송금인은 부당이득반환청구의 소를 제기할 수 있으며, 그 소송의 상대방은 수취 금융회사이다. ( )

45 착오송금 반환지원제도의 대상조건은 착오송금 시 바로 예금보험공사에 반환지원 신청 가능하다. ( )

46 금융회사가 과실 없이 예금통장이나 증서 소지자에게 예금을 지급한 경우에는 채권의 준점유자에 대한 변제에 해당되어 면책이 된다. ( )

47 예금채권은 예금주가 금융회사에 나와서 이를 수령한다는 점에서 추심채무이다. ( )

48 양도성 예금증서(CD)와 같은 유가증권은 그 증권의 점유자에게 지급하면 그 소지인이 정당한 권리자인지 여부에 관계없이 금융회사는 면책된다. ( )

49 금융회사가 채권의 준점유자에 대한 변제, 영수증 소지자에 대한 변제, 상관습, 예금거래기본약관의 면책의 요건을 구비한 자에게 예금을 지급한 경우에는 이를 수령한 자가 진정한 권리자인지 여부를 반드시 따져 보아야 한다. ( )

50 예금주 본인에게만 지급하겠다는 특약이 있는 예금을 제3자에게 지급할 경우 인감이나 비밀번호가 일치한다 할지라도 금융기관이 면책될 수 없다. ( )

51 편의지급 시 예금주에게 지급한 경우에는 변제의 효과가 발생하나, 종업원 등과 같은 예금주 아닌 예금주 확인 없이 제3자에게 지급한 경우에는 면책될 수 없다. ( )

정답 및 해설

36 ○
37 ○
38 × 다만 그 배상의 범위는 예금액이 아니라 전부명령신청 등 그 절차를 취하는 과정에서 발생한 비용에 상응한다.
39 ○
40 ○
41 ○
42 × 「금융실명거래 및 비밀보장에 관한 법률」에 의거 일정한 계좌송금의 경우에는 실명확인을 하여야 한다.
43 ○
44 × 그 소송의 상대방은 송금오류로 예금채권을 취득한 수취인이 된다. 수취 금융회사는 자금중개 기능을 담당할 뿐 이득을 얻은 바 없으므로 부당이득반환의 상대방이 되지 않는다.
45 × 착오송금 반환지원제도의 대상조건은 착오송금 시 먼저 금융회사를 통해 수취인에게 반환을 요청하여야 하며, 미반환된 경우 예금보험공사에 반환지원 신청 가능하다.
46 ○
47 ○
48 ○
49 × 금융회사가 채권의 준점유자에 대한 변제, 영수증 소지자에 대한 변제, 상관습, 예금거래기본약관의 면책의 요건을 구비한 자에게 예금을 지급한 경우에는 이를 수령한 자가 진정한 권리자인지 여부에 관계없이 그 지급이 유효하고 금융회사는 면책되는 것으로 규정하고 있다.
50 ○
51 ○

topic 14 예금의 관리

52 상속인은 사망한 자의 유언에 따라 결정되며(유언상속), 유언이 없을 경우 법률에 정해진 바에 따라 상속인이 결정된다(법정상속). ( )

53 혈족이란 자연혈족뿐만 아니라 법정혈족도 포함하며 만약 선순위 상속권자가 있더라도 후순위 권자는 일부 상속권을 가진다. ( )

54 친양자는 친생부모와의 친족관계 및 상속관계가 모두 종료되므로 생가부모의 예금을 상속하지는 못한다. ( )

55 남편이 사망한 후 남편의 부모가 사망한 경우에 처는 남편의 상속인의 지위를 상속한다. ( )

56 공동상속인 간의 상속분은 배우자와 자녀가 동일하다. ( )

57 공유설은 공동상속인이 상속분에 따라 각자의 지분을 가지며, 그 지분을 자유로이 처분할 수 있다는 견해이다. ( )

58 합유설은 공동상속인이 상속분에 따른 지분은 가지나, 상속재산을 분할하기까지는 그 공동상속재산의 지분에 대한 처분은 공동상속인 전원의 동의를 얻어야 한다는 견해이다. ( )

59 대법원의 판례는 없으나 합유설이 통설이며 법원의 실무처리도 합유설에 따르고 있다. ( )

60 은행(우체국)의 입장은 상속인 중 일부가 법정상속분을 청구하는 경우 상속결격사유의 발생, 유언 등이 있는지 여부를 확인할 방법이 없으므로 합유설에 따라 공동상속인 전원의 동의를 받아 지급하는 것이 합리적이다. ( )

61 유언의 방식 중 공정증서 또는 법원의 검인을 받은 구수증서에 의한 것이 아닌 경우에는 가정법원의 유언검인심판서를 징구하여 유언의 적법성 여부를 확인하여야 한다. ( )

62 포괄유증을 받은 자는 재산상속인과 동일한 권리의무가 있으므로, 적극재산만 승계한다. ( )

63 특정유증의 경우에는 수증자(= 유증 받는 자)가 상속인 또는 유언집행자에 대하여 채권적 청구권만 가지므로 은행(우체국)은 예금을 상속인이나 유언집행자에게 지급함이 원칙이다. ( )

64 유류분은 유증에 의한 경우에 법정상속인 중 직계비속과 배우자는 법정상속의 3분의 1까지, 직계존속은 4분의 1까지 수증자에게 반환을 청구할 수 있는 권리이다. ( )

65 상속인이 행방불명인 경우 합유설을 취할 경우에는 행방불명인 자의 상속분을 제외한 나머지 부분은 각 상속인에게 지급할 수 있다. ( )

66 상속인은 상속의 개시 있음을 안 날로부터 3개월 내에 단순승인이나 한정승인 또는 상속 포기를 할 수 있다. ( )

67 은행(우체국)이 예금주의 사망사실을 모르는 상태에서 선의로 예금통장이나 증서를 소지한 자에게 신고된 인감과 비밀번호에 의하여 예금을 지급한 경우에는 채권의 준점유자에 대한 변제로서 면책된다. ( )

68 당사자 일방이 사망하더라도 신청이 없다면 당좌거래는 유지된다. ( )

정답 및 해설

52 ○
53 × 선순위 상속권자가 1인이라도 있으면 후순위권자는 전혀 상속권을 가지지 못한다.
54 ○
55 ○
56 × 공동상속인 간의 상속분은 배우자에게는 1.5, 그 밖의 자녀에게는 1의 비율이다.
57 ○
58 ○
59 × 대법원의 판례는 없으나 공유설이 통설이며 법원의 실무처리도 공유설에 따르고 있다.
60 ○
61 ○
62 × 포괄유증을 받은 자는 재산상속인과 동일한 권리의무가 있으므로, 적극재산뿐만 아니라 소극재산인 채무까지도 승계한다.
63 ○
64 × 유류분은 유증에 의한 경우에 법정상속인 중 직계비속과 배우자는 법정상속의 2분의 1까지, 직계존속은 3분의 1까지 수증자에게 반환을 청구할 수 있는 권리이다.
65 × 상속재산이 공동상속인에게 합유적으로 귀속된다는 합유설에 따르면 행방불명인 자의 지분을 제외한 나머지 부분도 지급할 수 없다. 지문처럼 공유설은 가능하다.
66 ○
67 ○
68 × 당좌거래는 그 법적성질이 위임계약이고 당사자 일방의 사망으로 계약관계가 종료되므로 당좌거래계약을 해지하고 상속인으로부터 미사용 어음·수표를 회수하여야 한다.

69 예금거래기본약관은 거래처의 예금양도의 자유를 인정하고 있다. ( )

70 예금주가 양도금지 특약을 위반하여 예금을 다른 사람에게 양도한 경우, 그 양도는 무효이고 은행(우체국)에 대하여 대항할 수 없다. ( )

71 제3자에게 예금양도로써 대항하기 위해서는 은행(우체국)의 승낙서에 확정일자를 받아 두어야 한다. ( )

72 제3자가 질권설정하는 경우에는 예금양도의 경우와 마찬가지 이유에서 질권설정금지특약을 두고 있어 은행(우체국)의 승낙을 필요로 한다. ( )

73 질권설정된 예금채권의 변제기는 이르렀으나 피담보채권의 변제기가 도래하지 않은 경우 질권자는 질권설정된 예금채권의 변제기까지 기다려야 한다. ( )

74 질권설정된 예금을 기한 갱신하는 경우 두 예금채권 사이에는 동일성이 인정되지 않는다. ( )

75 질권설정된 예금을 다른 종목의 예금으로 바꾼 경우 원칙적으로 두 예금채권 사이에는 동일성이 인정되지 않으므로 종전 예금채권에 설정된 담보권은 새로이 성립하는 예금채권에 미치지 않는다. ( )

76 질권의 효력은 그 원금에만 영향을 미칠 뿐 이자에는 영향을 미치지 않는다. ( )

77 압류의 효력발생시기는 그 결정문이 은행(우체국)에 송달된 때이므로 은행(우체국)은 압류결정문의 송달연월일 · 접수시각을 정확히 기록하고, 송달보고서에 기재된 시각을 확인하여야 한다. ( )

78 예금에 대한 압류가 있는 경우에 은행(우체국)이 그 압류의 사실을 예금주에게 통지해 줄 법적인 의무가 있다. ( )

79 여러 종류의 예금이 여러 계좌로 있는 경우에도 집행채권의 총액이 예금총액을 하회하는 경우에는 압류명령이 유효하다고 본다. ( )

80 추심명령이란 집행채무자(예금주)가 제3채무자(우체국)에 대하여 가지는 예금채권의 추심권을 압류채권자에게 부여하여 그가 직접 제3채무자에게 이행의 청구를 할 수 있도록 하는 집행법원의 명령을 말한다. ( )

81 추심명령은 전부명령의 경우와는 달리 제3채무자에 대한 송달로서 그 효력이 생긴다. ( )

82 국세징수법에 의한 압류(체납처분절차)와 국세징수법 준용기관의 압류가 경합된 경우, 압류선착주의에 의해 먼저 송달된 기관에 우선권이 있다. ( )

83 국세징수법에 의한 압류(체납처분절차)가 경합된 경우(압류선착주의), 국세징수법에 의한 압류(체납처분절차)는 압류선착주의에 의해 먼저 송달된 기관에 우선권이 있다. ( )

84 민사집행법에 의한 압류(가압류)가 경합된 경우, 우선권이 없으므로 채권자의 추심요청 시 경합사실을 안내하고 지급을 거절한다. ( )

정답 및 해설

69 × 예금거래기본약관은 거래처가 예금을 양도하려면 사전에 은행(우체국)에 통지하고 동의를 받아야 한다.
70 ○
71 ○
72 ○
73 × 질권설정된 예금채권의 변제기는 이르렀으나 피담보채권의 변제기가 도래하지 않은 경우 질권자는 제3채무자에게 그 변제금액의 공탁을 청구할 수 있고, 이 경우 질권은 그 공탁금 위에 계속 존속한다.
74 × 질권설정된 예금을 기한 갱신하는 경우 두 예금채권 사이에는 동일성이 인정되므로 종전 예금채권에 설정한 담보권은 당연히 새로 성립하는 예금채권에도 미친다.
75 ○
76 × 질권의 효력은 그 원금뿐만 아니라 이자에도 미치므로 예금주가 이자의 지급을 요청하는 경우에도 질권자의 동의하에서만 지급가능할 것이다.
77 ○
78 × 예금에 대한 압류가 있는 경우에 은행(우체국)이 그 압류의 사실을 예금주에게 통지해 줄 법적인 의무는 없다. 왜냐하면 압류결정문은 이들에게도 송달되기 때문이다.
79 × 여러 종류의 예금이 여러 계좌로 있는 경우에도 집행채권의 총액이 예금총액을 상회하는 경우에는 압류명령이 유효하다고 본다. 그러나 집행채권의 총액이 예금채권을 하회하는 경우에는 그 압류명령이 어느 것을 목적으로 하는것인지 특정할 수 없으므로 압류의 효력이 없다고 본다.
80 ○
81 ○
82 × 국세징수법에 의한 압류(체납처분절차)와 국세징수법 준용기관의 압류가 경합된 경우, 국세우선원칙에 따라 송달 시점에 관계없이 체납처분압류가 우선한다.
83 ○
84 ○

Step 02 객관식으로 실전연습

01 **예금거래의 법적성질에 대한 설명으로 옳지 않은 것은?**

① 예금계약은 예금자가 금전의 보관을 위탁하고 금융회사가 이를 승낙하여 자유롭게 운용하다가 같은 금액의 금전을 반환하면 되는 소비임치계약이다.
② 민사임치의 경우와는 달리 금융회사는 임치물에 대하여 주의의무가 가중되어 선량한 관리자의 주의의무를 부담한다.
③ 예금계약은 금융회사가 예금거래기본약관 등을 제정하고 이를 예금계약의 내용으로 삼는다는 점에서 부합계약이다.
④ 오늘날에는 금융회사의 예금계약 체결 시에 그러한 금전의 인도를 요하지 않은 예금이 늘어가고 있는 실정을 감안하면 요물계약이 대두되고 있다.

02 **예금계약의 법적성질에 대한 설명으로 옳지 않은 것은?**

① 당좌예금은 예금계약과 마찬가지로 위임계약은 없는 소비임치계약이다
② 민사임치의 경우와는 달리 금융회사는 임치물에 대하여 주의의무가 가중되어 선량한 관리자의 주의의무를 부담한다.
③ 예금계약은 금융회사가 예금거래기본약관 등을 제정하고 이를 예금계약의 내용으로 삼는다는 점에서 부합계약이다.
④ 예금계약의 성격은 낙성계약이 대두되고 있다.

03 **〈보기〉에서 각종 예금계약의 법적구조에 대한 설명으로 옳은 것을 모두 고른 것은?**

보기
ㄱ. 보통예금과 저축예금은 질권 설정이 금지되어 있으나 다만 금융회사가 승낙하면 양도는 가능하다.
ㄴ. 정기예금은 기한의 이익이 고객에게 있음을 명확히 하고 있다.
ㄷ. 정기적금은 쌍무계약으로 가입자는 월부금을 납입할 의무가 있다.
ㄹ. 당좌수표나 어음금의 지급 시 선량한 관리자의 주의의무를 다하여야 한다.

① ㄱ, ㄴ ② ㄱ, ㄹ
③ ㄴ, ㄹ ④ ㄷ, ㄹ

04 **현금입금에 대한 예금계약의 성립에 대한 설명으로 옳지 않은 것은?**

① 예금거래기본약관도 현금입금의 경우, 예금계약은 금융회사가 금원을 받아 확인한 때에 성립하는 것으로 규정하고 있다.

② 점외수금의 경우에는 그 수금직원이 영업점으로 돌아와 수납직원에게 금전을 넘겨주고 그 수납직원이 이를 확인한 때에 예금계약이 성립하는 것으로 본다.

③ 영업점 이외에서 예금을 수령할 수 있는 대리권을 가진 자, 예컨대 지점장(우체국장) 또는 대리권을 수여 받은 자 등이 금전을 수령하더라도 영업점으로 돌아와 확인해야 예금계약이 성립한다.

④ 예금계약이 성립하는 시기는 고객이 확인버튼을 누른 때라고 보는 것이 통설이다.

05 **〈보기〉에서 예금계약의 성립에 대한 설명으로 옳은 것을 모두 고른 것은?**

보기

ㄱ. 타점권 입금의 경우 추심위임설과 양도설이 대립하고 있다.
ㄴ. 타점권 입금의 경우 예금거래기본약관은 양도설의 입장을 취하고 있다.
ㄷ. 자점권 입금의 경우 예금거래기본약관은 개설점에서 지급하여야 할 증권은 그날 안에 결제를 확인했을 경우에 예금이 된다고 규정하고 있다.
ㄹ. 현금에 의한 계좌송금은 증권류의 입금과 같은 시기에 예금계약이 성립한다.

① ㄱ, ㄴ　　② ㄱ, ㄷ
③ ㄴ, ㄹ　　④ ㄷ, ㄹ

정답 및 해설

01 ④ 오늘날에는 금융회사의 예금계약 체결 시에 그러한 금전의 인도를 요하지 않은 예금이 늘어가고 있는 실정을 감안하면 낙성계약이 대두되고 있다.
02 ① 당좌예금은 위임계약과 소비임치계약이 혼합된 계약이다.
03 ② ㄴ. 정기예금은 기한의 이익이 금융회사에 있음을 명확히 하고 있다.
ㄷ. 정기적금은 편무계약으로 가입자는 월부금을 납입할 의무가 없다.
04 ③ 영업점 이외에서 예금을 수령할 수 있는 대리권을 가진 자, 예컨대 지점장(우체국장) 또는 대리권을 수여 받은 자 등이 금전을 수령하고 이를 확인한 때에는 즉시 예금 계약이 성립하는 것으로 보아야 한다.
05 ② ㄴ. 타점권 입금의 경우 예금거래기본약관은 추심위임설의 입장을 취하고 있다.
ㄹ. 현금에 의한 계좌송금은 예금원장에 입금기장을 마친 때에 예금계약이 성립한다.

06 **다음은 예금계약의 성립에 대한 설명이다. 옳은 것을 모두 고르시오.**

보기

ㄱ. 창구입금의 경우 예금자가 예금계약의 의사를 표시하면 금융회사에 금전을 제공하고, 금융회사가 그 의사에 따라서 그 금전을 받아서 확인하면 요물성이 충족된 것으로 보아 예금계약이 성립한다.
ㄴ. 예금거래기본약관은 추심위임설의 입장을 취하여 증권으로 입금했을 때 금융회사가 그 증권을 교환에 돌려 부도반환시한이 지나고 결제를 확인했을 때에 예금계약이 성립한다고 규정한다.
ㄷ. 점외수금의 경우에는 그 수금직원이 영업점으로 돌아와 수납직원에게 금전을 넘겨주고 그 수납직원이 이를 확인한 때에만 예금계약이 성립하는 것으로 본다.
ㄹ. ATM에 의한 입금의 경우 예금계약이 성립하는 시기는 고객이 확인버튼 후 바로 성립하지는 않는다고 본다.

① ㄱ, ㄴ ② ㄱ, ㄷ
③ ㄴ, ㄹ ④ ㄷ, ㄹ

07 **예금의 약관에 대한 설명으로 옳지 않은 것은?**

① 약관의 장점은 기업에게는 계약체결에 소요되는 시간·노력·비용을 절약할 수 있고 그 내용을 완벽하게 구성할 수 있다는 것이다.
② 계약 시 약관을 반드시 서면으로 교부하여야 한다.
③ 「약관의 규제에 관한 법률」은 불공정약관조항 여부를 판단하는 일반원칙으로 계약의 내용이 공정해야 함을 명시하고 있다.
④ 개별약정우선의 원칙은 기업과 고객이 약관에서 정하고 있는 사항에 대하여 명시적 또는 묵시적으로 약관의 내용과 다르게 합의한 사항이 있는 경우에는 당해 합의사항을 약관에 우선하여 적용하여야 한다는 원칙이다.

08 **예금거래 약관에 대한 설명으로 옳지 않은 것은?**

① 금융회사의 예금계약은 대부분 부합계약의 형식을 가진다.
② 우체국의 경우 시중은행과의 근거법 및 제도 운영상 차이로 인하여 일부분에 있어 차이가 존재한다.
③ 우리나라는 금융회사 공동으로 예금거래에 관한 표준약관을 제정하고 그 채택과 시행은 각 금융회사가 자율적으로 하도록 하고 있다.
④ 예금계약에 대해서는 예금별 약관, 예금거래기본약관의 내용이 우선 적용되고 나중에 예금상품의 약관 내용이 차례로 적용된다.

09 **예금거래약관에 대한 설명으로 옳지 않은 것은?** 08. 계리직

① 약관의 의미가 불명확한 때에는 고객에게는 유리하게, 작성자에게는 불리하게 해석하는 것이 원칙이다.

② 약관은 해석자의 주관에 의할 것이 아니라 객관적 합리성에 입각하여 해석되어야 하며, 시간·장소·거래상대방에 따라 달리 해석되어서는 아니 된다.

③ 개별적인 예금상품의 특성에 따라 세부적인 내용을 약관이나 특약의 형식으로 정하고 있다.

④ 예금계약에 대해서는 「예금거래 기본약관」을 우선 적용하고 예금 종류별 약관, 당해 예금상품의 약관을 차례로 적용하는 것이 원칙이다.

10 **다음은 예금거래 약관에 대한 설명이다. 옳은 것을 모두 고르시오.**

보기

ㄱ. 예금거래 약관은 부합계약으로 특별거래약관에 따라 체결되는 계약이다.
ㄴ. 대한민국 내의 모든 금융회사는 동일한 약관체계를 가지고 있다. 단, 우체국의 경우시중은행과의 근거법 및 제도운영상 차이로 인하여 일부분에 있어 차이가 존재한다.
ㄷ. 기본거래약관과 예금종류별 약관체계은 통합되어 있다.
ㄹ. 예금계약에 대해서는 당해 예금상품의 약관이 우선적으로 적용되고 그 약관에 규정이 없는 경우에는 예금별 약관, 예금거래기본약관의 내용이 차례로 적용된다.

① ㄱ, ㄴ
② ㄱ, ㄷ
③ ㄴ, ㄹ
④ ㄷ, ㄹ

정답 및 해설

06 ① ㄷ. 영업점 이외에서 예금을 수령할 수 있는 대리권을 가진 자, 예컨대 지점장(우체국장) 또는 대리권을 수여받은 자 등이 금전을 수령하고 이를 확인한 때에는 즉시 예금 계약이 성립하는 것으로 보아야 한다.
ㄹ. ATM에 의한 입금의 경우 예금계약이 성립하는 시기는 고객이 확인버튼을 누른 때라고 보는 것이 통설이다.

07 ② 계약 시 약관을 고객이 원하는 수단(영업점 직접수령, 이메일·문자 등 비대면 수령 등) 중 하나로 선택 후 교부하여야 한다.

08 ④ 예금계약에 대해서는 당해 예금상품의 약관이 우선적으로 적용되고 그 약관에 규정이 없는 경우에는 예금별 약관, 예금거래기본약관의 내용이 차례로 적용된다.

09 ④ 예금계약에 대해서는 당해 예금상품의 약관을 우선 적용하고 그 약관에 규정이 없는 경우에는 예금별 약관, 「예금거래 기본약관」을 차례로 적용하는 것이 원칙이다.

오답체크

① 작성자불이익의 원칙에 대한 내용이다.
② 객관적·통일적 해석의 원칙에 대한 내용이다.
③ 약관의 이원적 체계에 대한 내용이다.

10 ③ ㄱ. 예금거래 약관은 부합계약으로 일반거래약관에 따라 체결되는 계약이다.
ㄷ. 기본거래약관과 각 예금종류별 약관체계로 단계별 약관체계로 구성되어 있다.

11 〈보기〉에서 제한능력자에 대한 설명으로 옳은 것을 모두 고른 것은?

보기

ㄱ. 미성년자의 권리만을 얻거나 의무만을 면하는 행위는 취소사유가 아니다.
ㄴ. 피성년후견인은 질병, 장애, 노령 등의 사유로 인한 정신적 제약으로 사무를 처리할 능력이 지속적으로 결여된 자이다.
ㄷ. 피한정후견인은 법원에서 정해진 행위 외의 행위는 취소할 수 있다.
ㄹ. 당좌예금거래는 어음·수표의 지급사무를 위임하는 계약이므로 제한능력자의 단독거래는 허용하지 않는 것이 원칙이다.

① ㄱ, ㄴ
② ㄱ, ㄹ
③ ㄴ, ㄹ
④ ㄷ, ㄹ

12 제한능력자에 대한 설명으로 옳지 않은 것은? 24. 계리직

① 민법 제13조에 따르면 가정법원은 피한정후견인이 한정후견인의 동의를 받아야 하는 행위의 범위를 정할 수 있다.
② 4촌 이내의 친족도 피한정후견인이 한정후견인의 동의를 받아야만 할 수 있는 행위의 범위 변경을 가정법원에 청구할 수 있다.
③ 피한정후견인은 질병, 노령, 장애 등의 사유로 인한 정신적 제약으로 사무를 처리할 능력이 부족하여 한정후견개시 심판을 받은 자이다.
④ 원칙적으로 행위능력이 없는 미성년자·피성년후견인·피한정후견인은 단독으로 유효한 법률 행위를 하는 것이 제한된 제한능력자이다.

13 예금거래의 상대방에 대한 설명으로 옳지 않은 것은?

① 대리란 타인이 본인의 이름으로 법률행위를 하거나 의사표시를 수령함으로써 그 법률효과가 직접 본인에 관하여 생기는 제도이다.
② 예금을 지급하는 경우에는 금융회사가 대리인의 권한 등을 확인하지 않았다 하더라도 금융회사가 손해를 볼 염려가 없으므로 대리권의 존부 등을 확인할 필요는 거의 없다.
③ 대리권의 범위 등을 확인하지 않아 발생하는 손해는 금융회사가 부담할 수밖에 없다.
④ 외국인과의 예금거래의 성립과 효력은 당사자 간에 준거법에 관한 합의가 없으면 행위지의 법률에 따른다(국제사법 제22조).

14 다음은 예금거래의 상대방에 대한 설명이다. 옳은 것을 모두 고르시오.

보기

ㄱ. 법인은 관념적인 존재에 불과한 것이므로, 현실적인 법률 행위는 그 대표기관에 의하여 이루어진다. 따라서 법인과의 예금거래는 그 대표자 또는 그로부터 대리권을 수여받은 대리인과 하여야 한다.
ㄴ. 공동대표이사 제도는 회사의 대표자가 독단 또는 전횡으로 권한을 남용하는 것을 방지하기 위하여 여러 사람의 대표자가 공동으로서만 대표권을 행사할 수 있도록 하는 제도이므로 예금거래도 공동으로 하는 것이 원칙이다.
ㄷ. 등기가 이루어지지 않은 외국회사의 당좌계좌개설은 허용된다.
ㄹ. 법인격 없는 사단과 거래 시 「부가가치세법」에 의한 고유번호를 부여받은 경우에는 그 대표자와 예금거래를 하면 되고, 위와 같이 개설된 예금은 대표자 개인의 예금으로 귀속된다.

① ㄱ, ㄴ ② ㄱ, ㄷ ③ ㄴ, ㄹ ④ ㄷ, ㄹ

15 예금거래의 상대방에 대한 설명으로 옳지 않은 것은?

① 예금을 지급할 경우에는 이중지급의 위험이 있으므로 정당한 대리권자인지 여부를 확인하여야 한다.
② 예금거래기본약관상의 면책약관에 따라 통장 등을 제출받고 인감과 비밀번호가 일치하여 지급하였다는 사유만으로 항상 금융회사가 면책되는 것은 아니다.
③ 등기가 이루어지지 않은 외국회사는 계속적 거래를 할 수 없으므로, 계속적 거래를 전제로 하는 당좌계좌개설은 허용되지 않는다.
④ 법인격 없는 사단과 거래 시 「부가가치세법」에 의한 고유번호를 부여받은 경우에는 그 대표자와 예금거래를 하면 되고, 위와 같이 개설된 예금은 대표자 개인의 예금이 아니라 법인격 없는 사단에 합유적으로 귀속된다.

정답 및 해설

11 ② ㄴ. 피성년후견인 질병, 장애, 노령 등의 사유로 인한 정신적 제약으로 사무를 처리할 능력이 지속적으로 결여되어 성년후견개시의 심판을 받은 자이다.
ㄷ. 피한정후견인은 법원에서 정해진 행위 외의 행위는 유효한 법률행위가 가능하다.
12 ④ 미성년자, 피성년후견인은 원칙적으로 행위능력이 없지만 피한정후견인은 원칙적으로 행위능력이 존재하고 정해진 것에 대한 것만 취소사유가 존재한다.
13 ② 예금을 수입하는 경우에는 금융회사가 대리인의 권한 등을 확인하지 않았다 하더라도 금융회사가 손해를 볼 염려가 없으므로 대리권의 존부 등을 확인할 필요는 거의 없다. 그러나 예금을 지급할 경우에는 이중지급의 위험이 있으므로 정당한 대리권자인지 여부를 확인하여야 한다.
14 ① ㄷ. 등기가 이루어지지 않은 외국회사는 계속적 거래를 할 수 없으므로(상법 제616조), 계속적 거래를 전제로 하는 당좌계좌개설은 허용되지 않는다.
ㄹ. 법인격 없는 사단과 거래 시 「부가가치세법」에 의한 고유번호를 부여받은 경우에는 그 대표자와 예금거래를 하면 되고, 위와 같이 개설된 예금은 대표자 개인의 예금이 아니라 법인격 없는 사단에 총유적으로 귀속된다.
15 ④ 대표자 개인의 예금이 아니라 법인격 없는 사단에 총유적으로 귀속된다. 준합유는 조합과의 예금거래에 적용된다.

16 예금의 입금과 지급에 대한 설명으로 옳지 않은 것은? 23. 계리직

① 금융회사는 예금청구서의 금액 · 비밀번호 · 청구일자 등이 정정된 경우, 반드시 정정인을 받거나 새로운 전표를 작성하도록 하여야 한다.
② 직원이 입금조작을 잘못하여 착오계좌에 입금한 경우, 금융회사는 착오계좌 예금주의 동의와 관계없이 취소 처리하고 정당계좌에 입금할 수 있다.
③ 금융회사는 실제로 받은 금액보다 과다한 금액으로 통장 등을 발행한 경우, 실제로 입금한 금액에 한하여 예금계약이 성립하므로 예금주의 계좌에서 초과입금액을 인출하면 된다.
④ 송금인이 착오송금한 경우, 송금인은 금융회사를 통해 수취인에게 반환요청할 수 있고, 반환이 거절된 경우에는 반환거절일로부터 1년 이내 예금보험공사에 반환지원 신청을 할 수 있다.

17 예금의 입금과 지급 업무에 대한 설명으로 옳지 않은 것은? 18. 계리직

① 기한부 예금을 중도해지하는 경우, 반드시 예금주 본인의 의사를 확인하는 것이 필요하다.
② 금융기관은 진정한 예금주에게 변제한 때에 한하여 예금채무를 면하게 되는 것이 원칙이다.
③ 송금인의 단순착오로 인해 수취인의 계좌번호가 잘못 입력되어 이체가 완료된 경우, 언제든지 수취인의 동의 없이도 송금액을 돌려받을 수 있다.
④ 금융기관이 실제 받은 금액보다 과다한 금액으로 통장을 발행한 경우, 실제 입금한 금액에 한하여 예금계약이 성립하고 초과된 부분에 대하여는 예금계약이 성립하지 않는다.

18 다음은 예금의 입금에 대한 설명이다. 옳은 것을 모두 고르시오.

보기

ㄱ. 현금의 확인을 유보하는 의사 없이 예금통장 등을 발행한 경우에 부족액이 발생한 경우에는 금융회사가 입증책임을 부담한다.
ㄴ. 예금주가 오류입금인 사실을 알면서 예금을 인출하였다고 해도 금융회사의 과실이 있으므로 해당 손해를 금융회사와 분담하여 진다.
ㄷ. 과다입금된 경우 제3자가 그러한 사실을 모르고 그 예금에 대하여 질권을 취득한 경우에는 그로 인한 손해를 금융회사가 배상할 필요는 없다.
ㄹ. 타점권을 입금시키는 행위는 금융회사에 대하여 그 추심을 의뢰하고 그 추심이 완료되면 추심대전을 예금계좌에 입금시키도록 하는 위임계약이다.

① ㄱ, ㄴ　　② ㄱ, ㄹ
③ ㄴ, ㄷ　　④ ㄷ, ㄹ

19 〈보기〉에서 현금입금에 대한 설명으로 옳은 것을 모두 고른 것은?

보기

ㄱ. 입금 의뢰액보다 실제 확인된 금액이 적은 경우에 입금 의뢰액대로 예금계약이 성립함을 주장하기 위해서는 입금자가 그 입금 의뢰액을 입증할 책임을 부담한다.
ㄴ. 예금주가 오류입금인 사실을 알면서 예금을 인출하였다면 부당이득으로 반환하여야 한다.
ㄷ. 제3자가 그러한 사실을 모르고 그 예금에 대하여 질권을 취득하고 금전을 대부해 주었다거나 압류·전부명령을 받은 경우에는 예금액을 배상하여야 한다.
ㄹ. 직원이 입금조작을 잘못하여 착오계좌에 입금하고 정당계좌에 자금부족이 발생한 경우에는 금융회사의 손해배상 의무는 없다.

① ㄱ, ㄴ　　② ㄱ, ㄷ
③ ㄴ, ㄹ　　④ ㄷ, ㄹ

20 증권류의 입금에 대한 설명으로 옳지 않은 것은?

① 자점권을 입금시키는 행위는 금융회사에 대하여 그 추심을 의뢰하고 그 추심이 완료되면 추심대전을 예금계좌에 입금시키도록 하는 위임계약이다.
② 입금 받은 어음을 지급제시기간 내에 제시할 수 있는지 확인한다.
③ 지급제시기간 내에 수표가 제시될 수 있는지 확인하여야 한다.
④ 일반 횡선수표인 경우에는 입금인이 우체국과 계속적인 거래가 있는 거래처인지 여부를 확인하고, 특정횡선수표인 경우에는 그 특정된 금융회사가 우체국인지 여부를 확인한다.

정답 및 해설

16 ④ 송금인이 착오송금한 경우, 송금인은 금융회사를 통해 수취인에게 반환요청할 수 있고, 반환이 거절된 경우에는 착오송금일로부터 1년 이내 예금보험공사에 반환지원 신청을 할 수 있다.
17 ③ 송금인의 단순착오로 인해 수취인의 계좌번호가 잘못 입력되어 이체가 완료된 경우, 언제든지 수취인의 동의 없이는 송금액을 돌려받을 수 없다.
18 ② ㄴ. 예금주가 오류입금인 사실을 알면서 예금을 인출하였다면 부당이득으로 반환하여야 한다.
ㄷ. 과다입금된 경우 제3자가 그러한 사실을 모르고 그 예금에 대하여 질권을 취득하고 금전을 대부해 주었다거나 압류·전부명령을 받은 경우에는 그로 인한 손해를 금융회사가 배상하여야 한다.
19 ① ㄷ. 제3자가 그러한 사실을 모르고 그 예금에 대하여 질권을 취득하고 금전을 대부해 주었다거나 압류·전부명령을 받은 경우에는 그로 인한 손해를 금융회사가 배상하여야 한다. 다만 그 배상의 범위는 예금액이 아니라 전부명령신청 등 그 절차를 취하는 과정에서 발생한 비용에 상응한다.
ㄹ. 직원이 입금조작을 잘못하여 착오계좌에 입금하고 정당계좌에 자금부족이 발생한 경우에는 금융회사의 과실에 의한 채무불이행으로 되어 그 손해를 배상하여야 한다.
20 ① 타점권을 입금시키는 행위는 금융회사에 대하여 그 추심을 의뢰하고 그 추심이 완료되면 추심대전을 예금계좌에 입금시키도록 하는 위임계약이다.

21 **금융회사의 예금거래업무에 관한 설명으로 옳은 것은?** 10. 계리직

① 예금계약은 예금자가 금전의 보관을 위탁하고 금융회사가 운용하다가 추후 금전을 반환하는 소비대차계약이다.
② 양도성 예금증서는 그 증권의 점유자에게 지급하면 정당한 권리자 여부에 관계없이 금융회사는 면책된다.
③ 점외수금의 경우, 지점장(우체국장)은 영업점으로 돌아와 수납직원에게 금전을 넘겨주고 그 수납직원이 이를 확인한 때 예금계약이 성립한다.
④ 공동대표이사와 거래 시 공동대표 1인이 다른 어느 1인에게 모든 업무를 포괄적으로 위임하는 것은 유효하다.

22 **계좌송금에 대한 설명으로 옳지 않은 것은?**

① 계좌송금은 입금의뢰인이 수납 금융회사에 대하여 송금할 금액을 입금하면서 예금주에게 입금하여 줄 것을 위탁하고 수납 금융회사가 이를 승낙함으로써 성립하는 위임계약이다.
② 계좌송금은 위임계약이므로 입금의뢰인은 수임인인 수납 금융회사 및 수납 금융회사의 위임을 받은 예금 금융회사가 위임사무를 종료하기 전에는 언제든지 위임계약을 해지하고 계좌송금 철회를 할 수 있다.
③ 착오송금은 송금인의 착오로 인해 송금금액, 수취 금융회사, 수취인 계좌번호 등이 잘못 입력돼 이체된 거래로서, 착오송금액은 법적으로 수취인의 예금이지만 수취인의 동의 없이 자금을 돌려받을 수 있다.
④ 수취인은 잘못 입금된 금원을 송금인에게 돌려줄 때까지 보관할 의무가 있으므로, 수취인이 착오입금된 돈을 임의로 인출하여 사용하는 경우 형사상 횡령죄에 해당될 수 있다.

23 〈보기〉에서 착오송금 반환지원제도에 대한 설명으로 옳은 것을 모두 고른 것은?

보기

ㄱ. 신청대상은 24년 이후 5만 원 이상 5천만 원 이하 착오송금이다.
ㄴ. 착오송금 시 금융회사를 통하지 않고 예금보험공사에 반환지원 신청 가능하다.
ㄷ. 금융회사의 반환청구절차 '반환거절' 또는 '일부반환' 종결만 가능하다.
ㄹ. 신청 가능 기간은 착오송금일로부터 2년 이내이다.

① ㄱ, ㄴ
② ㄱ, ㄷ
③ ㄴ, ㄹ
④ ㄷ, ㄹ

24 예금지급의 면책요건에 대한 설명으로 옳지 않은 것은?

① 채권의 준점유자에 대한 변제일 것
② 인감 또는 서명이 일치할 것
③ 예금에 해당하는 예금증서를 보유할 것
④ 금융기관이 선의・무과실일 것

정답 및 해설

21 ② 양도성 예금증서(CD)와 같은 유가증권은 그 증권의 점유자에게 지급하면 정당한 권리자 여부에 관계없이 금융회사는 면책된다.

오답체크

① 예금계약은 예금자가 금전의 보관을 위탁하고 금융회사가 운용하다가 추후 금전을 반환하는 소비임치계약이다.

③ 점외수금의 경우, 수금직원이 영업점으로 돌아와 수납직원에게 금전을 넘겨주고 그 수납직원이 이를 확인한 때 예금계약이 성립한다. 그러나 영업점 이외에서 예금을 수령할 수 있는 대리권을 가진 자, 예를 들어 지점장(우체국장) 또는 대리권을 수여 받은 자 등이 금전을 수령하고 이를 확인한 때에는 즉시 예금계약이 성립하는 것으로 보아야 한다.

④ 공동대표이사 제도는 회사의 대표자가 독단 또는 전횡으로 권한을 남용하는 것을 방지하기 위하여 여러 사람의 대표자가 공동으로서만 대표권을 행사할 수 있도록 하는 제도이다. 따라서 예금거래도 공동으로 하는 것이 원칙이다.

22 ③ 착오송금은 송금인의 착오로 인해 송금금액, 수취 금융회사, 수취인 계좌번호 등이 잘못 입력돼 이체된 거래로서, 착오송금액은 법적으로 수취인의 예금이기 때문에 송금인은 수취인의 동의 없이는 자금을 돌려받을 수 없다.

23 ② ㄴ. 착오송금 시 먼저 금융회사를 통해 수취인에게 반환을 요청하여야 하며, 미반환된 경우 예금보험공사에 반환지원 신청 가능하다.
ㄹ. 신청 가능 기간은 착오송금일로부터 1년 이내이다.

24 ③ 비밀번호가 일치할 것이 되어야 하며 예금증서의 보유여부는 중요하지 않다.

25 **다음은 예금의 지급과 면책에 대한 설명이다. 옳은 것을 모두 고르시오.**

> 보기
> ㄱ. 예금채권은 원칙적으로 지명채권이다.
> ㄴ. 양도성 예금증서(CD)와 같은 유가증권은 그 증권의 점유자에게 지급하면 그 소지인이 정당한 권리자인지 여부에 따라 금융회사의 면책이 결정된다.
> ㄷ. 채권의 준점유자에 대한 변제에 관한 민법의 이론을 구체화하여 예금통장·증서를 소지하고 인감 또는 서명이 일치하며 비밀번호가 일치하면, 금융회사가 선의·무과실인 한 책임을 면하는 것으로 규정하고 있다.
> ㄹ. 편의지급 시 예금주, 종업원 등과 같은 예금주 아닌 제3자에게 지급한 경우에 변제의 효과가 발생한다.

① ㄱ, ㄴ　　② ㄱ, ㄷ
③ ㄴ, ㄹ　　④ ㄷ, ㄹ

26 **예금채권의 양도에 대한 설명으로 옳지 않은 것은?** 24. 계리직

① 기명식예금은 지명채권이므로 원칙적으로 그 양도성이 인정된다.
② 예금주가 양도금지특약을 위반하여 예금을 다른 사람에게 양도한 경우, 그 양도는 무효이다.
③ 은행(우체국)양도승낙서는 예금채권에 대해 권리가 경합한 때 누가 우선하는가를 결정하는 기준이 된다.
④ 실무상 양도인인 예금주가 예금양도 통지만을 하는 경우, 당사자 사이에는 유효하나 그 양도로 은행(우체국)에 대항할 수는 없다.

27 **〈보기〉에서 법정상속에 대한 설명으로 옳은 것을 모두 고른 것은?**

> 보기
> ㄱ. 혈족이란 자연혈족만 포함한다.
> ㄴ. 공동상속인 간의 상속분은 배우자에게는 1.5, 그 밖의 자녀에게는 1의 비율이다.
> ㄷ. 대법원의 판례는 없으나 공유설이 통설이며 법원의 실무처리도 공유설에 따르고 있다.
> ㄹ. 우체국의 입장은 공유설에 따라 공동상속인 전원의 동의를 받아 지급하는 것이 합리적이다.

① ㄱ, ㄴ　　② ㄱ, ㄷ
③ ㄴ, ㄷ　　④ ㄷ, ㄹ

28 유언상속에 대한 설명으로 옳지 않은 것은?

① 유언의 방식 중 공정증서 또는 법원의 검인을 받은 구수증서에 의한 것이 아닌 경우에는 가정법원의 유언검인심판서를 징구하여 유언의 적법성 여부를 확인하여야 한다.
② 유언집행자는 법정유언집행자, 지정유언집행자, 선임유언집행자로 구분된다.
③ 실무상으로는 수증자가 직접 지급하여 줄 것을 요구하는 경우 유언집행자 또는 법정상속인으로부터 유증을 원인으로 하는 명의변경신청서를 징구하여 예금주의 명의를 수증자로 변경한 후에 예금을 지급하면 된다.
④ 수증자의 예금청구에 대하여 상속인이 그 유류분을 주장하여 예금인출의 중지를 요청하는 경우에는 은행은 상속에 개입함이 없이 예금을 수증자에게 지급한다.

29 예금주의 사망 시 적용되는 상속제도에 대한 설명으로 옳지 않은 것은? 18. 계리직

① 친양자입장제도에 따라 입양된 친양자는 법정혈족이므로 친생부모 및 양부모의 예금을 상속받을 수 있다.
② 예금주의 아들과 손자는 같은 직계비속이지만 아들이 손자보다 선순위로 상속받게 된다.
③ 특정유증의 경우, 수증자는 상속인 또는 유언집행자에 대하여 채권적 청구권만을 가진다.
④ 협의 분할 시 공동상속인 중 친권자와 미성년자가 있는 경우, 미성년자에 대하여 특별대리인을 선임하여 미성년자를 대리하도록 해야 한다.

정답 및 해설

25 ② ㄴ. 양도성 예금증서(CD)와 같은 유가증권은 그 증권의 점유자에게 지급하면 그 소지인이 정당한 권리자인지 여부에 관계없이 금융회사는 면책된다.
ㄹ. 편의지급 시 예금주에게 지급한 경우에는 변제의 효과가 발생하나, 종업원 등과 같은 예금주 아닌 제3자에게 지급한 경우에는 면책될 수 없다.

26 ③ 제3자에게 예금양도로서 대항하기 위해서는 은행(우체국)의 승낙서에 확정일자를 받아 두어야 한다. 확정일자를 받았으면 대항요건을 갖춘 시기의 앞뒤에 따라 그 우열관계가 성립한다.

27 ③ ㄱ. 혈족이란 자연혈족뿐만 아니라 법정혈족도 포함하며 만약 선순위 상속권자가 1인이라도 있으면 후순위권자는 전혀 상속권을 가지지 못한다.
ㄹ. 우체국의 입장은 합유설에 따라 공동상속인 전원의 동의를 받아 지급하는 것이 합리적이다.

28 ④ 수증자의 예금청구에 대하여 상속인이 그 유류분을 주장하여 예금인출의 중지를 요청하는 경우에는 은행은 상속인으로부터 수증자에 대하여 유류분 침해분에 대한 반환을 청구하였음을 증명하는 서면을 징구하고, 수증자에 대하여는 유류분침해분에 해당하는 금액의 예금반환을 거절하여야 한다.

29 ① 2008년부터 시행된 친양자입장제도에 따라 입양된 친양자는 친생부모와의 친족관계 및 상속관계가 모두 종료되므로 생가부모의 예금을 상속하지 못한다.

30 다음은 상속 가계도를 나타낸 것이다. C의 사망(그 외는 생존하고 있는 것으로 본다)으로 인한 상속에 대한 설명으로 옳은 것은? 23. 계리직

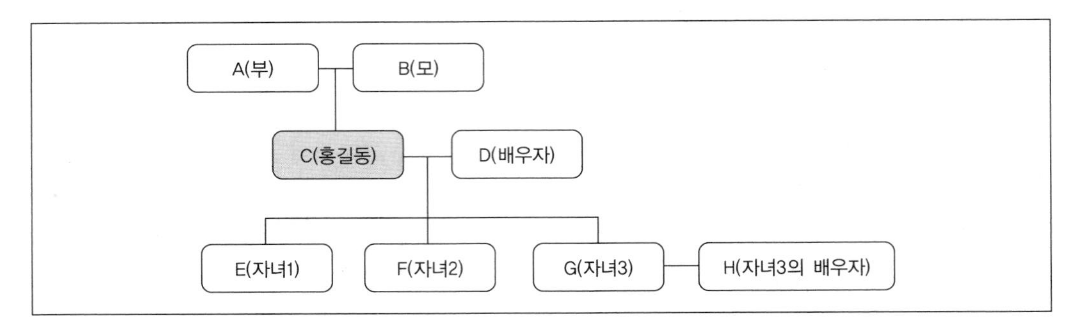

① C의 사망 당시 G가 상속결격자였다면 상속인은 총 3명이다.
② C가 정기적금 적립기간 중에 사망한 경우, E는 F와 G의 동의만으로도 C의 적금계약을 승계할 수 있다.
③ C가 사망 당시 유언으로 전 재산 9억 원을 사회단체에 기부하여 공동상속인 모두가 유류분 반환 청구를 한다면 E의 유류분 금액은 1억 원이다.
④ 합유설에 의하면 C의 사망 당시 F가 행방불명인 경우 F의 상속분을 제외한 나머지 상속분은 각 공동상속인 요청에 따라 분할하여 지급할 수 있다.

31 현행 상속제도에 대한 설명으로 옳은 것은? 22. 계리직

① 상속은 사망한 시점이 아니라 사망한 사실이 가족관계등록부에 기재된 시점에서 개시된다.
② 피상속인에게 어머니, 배우자, 2명의 자녀, 2명의 손자녀가 있을 경우 배우자의 상속분은 1.5/3.5이다.
③ 친양자입양제도에 따라 2008년 1월 1일 이후에 입양된 친양자는 친생부모 및 양부모의 재산을 모두 상속받을 수 있다.
④ 유언의 방식 중 공정증서 또는 자필증서에 의한 경우에는 가정법원의 유언검인심판서를 징구하여 유언의 적법성 여부를 확인하여야 한다.

32 예금의 상속에 대한 설명으로 옳지 않은 것은?

① 상속재산이 공동상속 시 공유설에 따르면 행방불명인 자의 지분을 제외한 나머지 부분도 지급할 수 없다.
② 채권신고기간 종료 시까지 상속인이 나타나지 않으면 2년간의 상속인 수색절차를 거쳐 상속인이 없으면 특별연고권자에게 재산을 상속하고, 특별연고자도 없으면 국고에 귀속된다.
③ 상속인은 상속의 개시 있음을 안 날로부터 3개월 내에 단순승인이나 한정승인 또는 상속포기를 할 수 있다.
④ 이에 대한 대법원의 판례는 없으나 공유설이 통설이며 법원의 실무처리도 공유설에 따르고 있다.

33 다음은 예금에 대한 설명이다. 옳은 것을 모두 고르시오.

보기

ㄱ. 예금거래의 실무상으로는 증권적 예금을 제외하고는 대부분의 예금에 대해 양도금지특약을 하고 있다.

ㄴ. 예금을 양도하기 위해서는 양도인과 양수인 사이에 예금양도계약 및 은행(우체국)의 승낙이 있어야 한다.

ㄷ. 제3자에게 예금양도로써 대항하기 위해서는 은행(우체국)의 승낙서에 확정일자를 받아 두어야 한다. 이는 예금채권에 대해 권리가 경합한 때에 누가 우선하는가를 결정하는 기준이 되는 것으로 제3자와의 관계에서 확정일자를 받지 않았으면 채권의 양수로 대항할 수 없다.

ㄹ. 질권설정된 예금을 다른 종목의 예금으로 바꾼 경우 특정한 사정이 없는 한 원칙적으로 두 예금채권 사이에는 동일성이 인정된다.

① ㄱ, ㄴ　② ㄱ, ㄷ
③ ㄴ, ㄷ　④ ㄷ, ㄹ

정답 및 해설

30 ③ E의 법정상속분은 배우자 1.5, 자녀 1씩 분할하여 총 $\frac{1}{1.5+1+1+1}\frac{1}{4.5}=\frac{2}{9}$이다. 직계비속의 유류분은 법정상속분의 $\frac{1}{2}$이므로 총상속액 9억$\times\frac{2}{9}\times\frac{1}{2}$로 1억이 된다.

오답체크

① C의 사망 당시 G가 상속결격자였다면 H의 대습상속이 인정되므로 상속인은 D, E, H 총 4명이다.
② 예금주가 사망한 경우에는 상속인이 포괄적으로 예금주의 지위를 승계하므로, 일반 상속재산의 지급절차에 의하면 족하다. 다만 적금 적립기간 중 예금주가 사망하고 공동상속인 중 1인이 적금계약을 승계하기 위해서는 상속인 전원의 동의가 필요하므로 H의 동의가 있어야 한다.
④ 합유설은 상속재산의 처분을 위해서는 모두 동의가 있어야 한다. 해당 내용은 공유설에 해당한다.

31 ② 법정상속은 배우자와 2명의 직계비속이므로 자녀들이 각각 1을 상속받는다면 배우자는 1.5를 상속받게 되므로 배우자의 상속분은 전체 상속분 1 + 1 + 1.5 = 3.5 중에서 1.5(1.5/3.5)가 된다.

오답체크

① 상속은 사망한 시점에서 개시되며 사망한 사실이 가족관계등록부에 기재된 시점에서 개시되는 것은 아니다.
③ 양자는 법정혈족이므로 친생부모 및 양부모의 예금도 상속하지만, 2008.1.1.부터 시행된 친양자 입양제도에 따라 입양된 친양자는 친생부모와의 친족관계 및 상속관계가 모두 종료되므로 생가부모의 예금을 상속하지는 못한다.
④ 유언상속의 경우에는 유언서의 내용을 확인하되 자필증서·녹음·비밀증서에 의한 경우에는 법원의 유언검인심판을 받은 유언검인심판서를 징구하여야 한다.

32 ① 상속재산이 공동상속인에게 합유적으로 귀속된다는 합유설에 따르면 행방불명인 자의 지분을 제외한 나머지 부분도 지급할 수 없다. 공유설에 따르면 지급 가능하다.

33 ③ ㄱ. 예금거래의 실무상으로는 증권적 예금을 제외하고는 대부분의 예금에 대해 양도금지특약을 하고 있다.
ㄹ. 질권설정된 예금을 다른 종목의 예금으로 바꾼 경우 특정한 사정이 없는 한 원칙적으로 두 예금채권 사이에는 동일성이 인정되지 않으므로 종전 예금채권에 설정된 담보권은 새로이 성립하는 예금채권에 미치지 않는다.

34 〈보기〉에서 예금의 양도에 대한 설명으로 옳은 것을 모두 고른 것은?

보기

ㄱ. 예금거래기본약관은 거래처가 예금을 양도하려면 사전에 은행(우체국)에 통지하고 동의를 받아야 한다.

ㄴ. 비록 민법이 선의의 양수인에 대하여는 양도제한의 특약을 가지고 대항할 수 없다고 규정하고 있기는 하나 예금에 양도금지특약이 있다는 것은 공지의 사실이므로 양수인은 선의를 주장하기 어렵다.

ㄷ. 제3자에게 예금양도로써 대항하기 위해서는 예금증서에 확정일자를 받아 두어야 한다.

ㄹ. 합의가 없는 경우에는 이자채권은 원본채권에 부종하므로 예금양도의 효력을 발생일을 기준으로 하여 그 이후 발생 이자분은 양도인에게 귀속하고, 그 이전 발생분은 양수인에게 귀속하는 것으로 해석하는 것이 통설이다.

① ㄱ, ㄴ
② ㄱ, ㄷ
③ ㄴ, ㄹ
④ ㄷ, ㄹ

35 예금채권의 질권설정에 대한 설명으로 옳지 않은 것은?

① 제3자가 질권설정하는 경우에는 예금양도의 경우와 마찬가지 이유에서 질권설정금지특약을 두고 있어 은행(우체국)의 승낙을 필요로 한다.
② 질권설정된 예금채권의 변제기는 이르렀으나 피담보채권의 변제기가 도래하지 않은 경우 질권자는 제3채무자에게 그 변제금액의 공탁을 청구할 수 있다.
③ 예금채권에 대한 질권의 효력은 그 예금의 이자에도 미친다.
④ 동일 종목의 예금으로 바꾼 경우 특정한 사정이 없는 한 원칙적으로 두 예금채권 사이에는 동일성이 인정되지 않으므로 종전 예금채권에 설정된 담보권은 새로이 성립하는 예금채권에 미치지 않는다.

36 〈보기〉에서 압류된 예금의 지급에 대한 설명으로 옳은 것을 모두 고른 것은?

보기
ㄱ. 예금채권의 압류만으로써는 압류채권자의 집행채권에 만족을 줄 수 없으므로 압류채권자는 자기 채권의 만족을 위하여 압류한 예금채권을 환가할 필요가 있다.
ㄴ. 예금채권의 환가방법으로 추심명령과 전부명령이 이용된다. 실무상 압류와 환가처분으로서의 전부명령이나 추심명령을 따로 내리는 경우는 거의 없다.
ㄷ. 추심명령의 경우 전부명령처럼 채권의 이전이 없으므로 추심채권자에게 지급함에 있어서는 그 확정여부의 확인이 필요하다.
ㄹ. 전부명령이 확정되면 전부명령이 확정된 시점부터 효력이 발생한다.

① ㄱ, ㄴ
② ㄱ, ㄷ
③ ㄴ, ㄹ
④ ㄷ, ㄹ

37 예금에 대한 체납처분압류에 대한 설명으로 옳지 않은 것은?

① 민사집행법에 의한 압류와 국세징수법에 의한 압류(체납처분절차)가 경합된 경우 우선권이 없으므로 채권자의 추심요청 시 경합사실을 안내하고 지급을 거절한다.
② 국세징수법에 의한 압류(체납처분절차)와 국세징수법 준용기관의 압류가 경합된 경우, 압류선착주의에 의해 먼저 송달된 기관에 우선권이 있다.
③ 국세징수법에 의한 압류(체납처분절차)가 경합된 경우(압류선착주의), 국세징수법에 의한 압류(체납처분절차)는 압류선착주의에 의해 먼저 송달된 기관에 우선권이 있다.
④ 민사집행법에 의한 압류(가압류)가 경합된 경우, 우선권이 없으므로 채권자의 추심요청시 경합사실을 안내하고 지급을 거절한다.

정답 및 해설

34 ① ㄷ. 제3자에게 예금양도로써 대항하기 위해서는 은행(우체국)의 승낙서에 확정일자를 받아 두어야 한다.
ㄹ. 합의가 없는 경우에는 이자채권은 원본채권에 부종하므로 예금양도의 효력을 발생일을 기준으로 하여 그 이후 발생 이자분은 양수인에게 귀속하고, 그 이전 발생분은 양도인에게 귀속하는 것으로 해석하는 것이 통설이다.
35 ④ 다른 종목의 예금으로 바꾼 경우 특정한 사정이 없는 한 원칙적으로 두 예금채권 사이에는 동일성이 인정되지 않으므로 종전 예금채권에 설정된 담보권은 새로이 성립하는 예금채권에 미치지 않는다.
36 ① ㄷ. 추심명령의 경우 전부명령처럼 채권의 이전이 없으므로 추심채권자에게 지급함에 있어서는 그 확정여부의 확인이 필요 없다.
ㄹ. 전부명령이 확정되면 전부명령이 제3채무자에게 송달된 때 소급해서 생긴다.
37 ② 국세징수법에 의한 압류(체납처분절차)와 국세징수법 준용기관의 압류가 경합된 경우, 국세우선원칙에 따라 송달 시점에 관계없이 체납처분압류가 우선한다.

Chapter 06

내부통제 및 금융소비자보호

www.pmg.co.kr

Step 01 OX로 핵심잡기

topic 15 내부통제와 준법관리

01 내부통제(Internal Control)는 조직이 효율적인 업무 운영, 정확하고 신뢰성 있는 재무보고 체계의 유지, 관련 법규 및 내부정책 · 절차의 준수 등과 같은 내부통제 목적을 달성하는 데 합리적인 확신을 주기 위하여 조직 내부에서 자체적으로 마련하여 이사회, 경영진 및 직원 등 조직의 모든 구성원들이 지속적으로 실행 · 준수하도록 하는 일련의 통제과정이다. (　　)

02 내부통제는 3가지 목적(운영, 보고, 감사)을 각각의 부서가 달성하는 것을 목표로 한다. (　　)

03 「금융회사의 지배구조에 관한 법률」은 금융회사가 효과적인 내부통제제도를 구축 · 운영해야 하는 법적인 근거를 제시한다. (　　)

04 통제활동(Control Activities)은 내부통제에 적합한 조직구조, 효과적인 내부통제가 이루어지도록 유인하는 보상체계, 적절한 인사 및 연수정책, 이사회의 내부통제에 대한 관심 방향, 임직원의 성실성과 자질 등 환경적 요인이다. (　　)

05 모니터링(Monitoring Activities)에서 내부통제의 모든 과정이 모니터링될 필요는 없다. (　　)

06 일반적인 내부통제 수단은 권한의 적절한 배분 및 제한, 회사 자산 및 각종 기록에의 접근 제한, 직무분리 및 직무순환, 정기적인 점검 및 테스트, 불시 점검 및 테스트 등이 있다. (　　)

07 「우정사업본부 직제」(대통령령) 등에 따라 우정사업본부는 준법감시담당관을 준법감시인으로 정하고 있다. (　　)

PART 02

topic 16 금융실명거래 및 금융거래에 대한 비밀보장

08 1993년 금융실명제가 실시되었다. ( )

09 1993년 위 제도를 구체적으로 법규화한 「금융실명거래 및 비밀보장에 관한 법률(금융실명법)」이 제정되었다. ( )

10 후선부서 직원(본부직원, 서무원, 청원경찰 등)은 실명 확인할 수 없으나 본부부서 근무직원이 실명확인 관련 업무를 처리하도록 지시 또는 명령받은 경우는 실명확인을 할 수 있다. ( )

11 금융회사 등의 임원 및 직원이 아닌 업무수탁자(대출모집인, 카드모집인, 보험모집인, 공제모집인 등) 등은 실명확인을 할 수 있다. ( )

12 실명확인은 고객의 성명과 주민등록번호의 확인하는 것으로 충분하다. ( )

13 운전면허증, 여권, 청소년증, 경로우대증, 노인복지카드, 장애인복지카드, 학생증 등도 실명확인 증표가 될 수 있다. ( )

정답 및 해설

01 ○
02 × 내부통제는 3가지 목적(운영, 보고, 준법)을 각각의 부서가 달성하는 것을 목표로 한다.
03 ○
04 × 통제활동(Control Activities)은 목표달성에 부정적인 영향을 미치는 리스크를 통제하기 위한 정책 및 절차 수립 등 제도의 구축과 운영을 말한다. 적절한 직무분리, 각종 한도 설정, 예외 적용 시 특별승인절차 등의 방법이 있다. 통제환경(Control Environment)은 내부통제에 적합한 조직구조, 효과적인 내부통제가 이루어지도록 유인하는 보상체계, 적절한 인사 및 연수정책, 이사회의 내부통제에 대한 관심 방향, 임직원의 성실성과 자질 등 환경적 요인이다.
05 × 모니터링(Monitoring Activities)에서 내부통제의 모든 과정은 모니터링되고 지속적으로 수정 및 보완되어야 한다.
06 ○
07 ○
08 ○
09 × 1997년 위 제도를 구체적으로 법규화한 「금융실명거래 및 비밀보장에 관한 법률(금융실명법)」이 제정되었다.
10 ○
11 × 금융회사 등의 임원 및 직원이 아닌 업무수탁자(대출모집인, 카드모집인, 보험모집인, 공제모집인 등) 등은 실명확인을 할 수 없다.
12 × 실명확인은 고객의 성명과 주민등록번호의 확인뿐만 아니라 실명확인증표에 첨부된 사진 등에 의하여 명의인 본인여부를 확인하는 것이다.
13 ○

14 대리인을 통하여 계좌개설을 할 경우 인감증명서가 첨부된 위임장을 징구하여야 한다. ( )

15 비대면 실명확인 대상 금융거래는 계좌개설에 한정된다. ( )

16 비대면 실명확인 적용 대상자는 명의자 본인에 한정하고 대리인은 제외된다. ( )

17 비대면 실명확인 인정 대상 실명확인증표는 주민등록증, 학생증, 운전면허증(모바일운전면허증 포함), 여권 또는 외국인등록증, 국가보훈등록증(모바일국가보훈등록증 포함)이다. ( )

18 비대면 실명확인의 적용 대상으로 개인은 가능하지만 법인은 불가능하다. ( )

19 200만 원 이하의 원화 송금(무통장입금 포함) 또는 그에 상당하는 외국통화 매입 · 매각은 실명확인 생략이 가능한 거래이다. ( )

20 「금융실명거래 및 비밀보장에 관한 법률」은 불법재산의 은닉, 자금세탁행위(조세포탈 등), 공중협박자금조달행위, 강제집행의 면탈 또는 그 밖의 탈법행위를 목적으로 하는 차명거래를 금지하고 있다. ( )

21 당해 정보만으로 명의인의 정보 등을 직접 알 수 없으나 다른 정보와 용이하게 결합하여 식별할 수 있는 것은 비밀보장의 대상이다. ( )

22 성명, 주민등록번호, 계좌번호, 증서번호 등이 삭제된 다수 거래자의 금융거래 자료로서 특정인에 대한 금융거래정보를 식별할 수 없는 자료는 비밀보장의 대상이다. ( )

23 과세자료의 제공, 금융회사 내부 또는 금융회사 상호 간의 정보제공의 경우에는 기록 · 관리의무가 면제된다. ( )

24 정보제공 사실의 기록 · 관리 의무관련 서류의 보관기간은 정보제공일로부터 1년간이다. ( )

25 금융회사가 금융거래정보 등을 제공한 경우에는 정보 등을 제공한 날로부터 30일 이내에 제공한 거래정보 등의 주요 내용, 사용 목적, 제공받은 자 및 제공일자 등을 명의인에게 서면으로 통보하여야 한다. ( )

26 금융회사의 직원이 불법 차명거래 알선 · 중개행위를 하거나 금융거래 비밀보장의무 위반행위를 한 경우에는 5년 이하의 징역 또는 5천만 원 이하의 벌금에 처한다. ( )

27 실명거래의무 위반행위를 하거나 설명의무 위반행위, 금융거래정보의 제공사실 통보의무 위반행위, 금융거래 정보 제공 내용 기록 · 관리의무 위반행위를 한 경우에는 5천만 원 이하의 과태료를 부과하도록 규정하고 있다. ( )

topic 17 자금세탁방지제도와 고객확인제도

28 우리나라의 금융정보분석기구(= 자금세탁방지기구)는 「특정 금융거래정보의 보고 및 이용 등에 관한 법률」에 따라 설립된 금융정보분석원(Korea Financial Intelligence Unit, KoFIU)이다. ( )

29 금융정보분석원금융기관 등으로부터 자금세탁 관련 의심거래를 수집 · 분석하여 불법거래, 자금세탁행위 또는 공중협박자금조달행위와 관련된다고 판단되는 금융거래자료 통해 직접 처벌하는 역할을 하고 있다. ( )

정답 및 해설

14 ○
15 × 비대면 실명확인 대상 금융거래는 계좌개설에 한정되는 것은 아니며 금융실명법상 실명확인 의무가 적용되는 모든 거래에 적용된다.
16 ○
17 × 학생증은 포함되지 않는다.
18 × 비대면 실명확인의 적용 대상으로 개인뿐만 아니라 법인도 가능하다.
19 × 100만 원 이하의 원화 송금(무통장입금 포함) 또는 그에 상당하는 외국통화 매입 · 매각은 실명확인 생략이 가능한 거래이다.
20 ○
21 ○
22 × 금융거래에 관한 단순통계자료, 성명, 주민등록번호, 계좌번호, 증서번호 등이 삭제된 다수 거래자의 금융거래자료로서 특정인에 대한 금융거래정보를 식별할 수 없는 자료, 순수한 대출거래 · 보증 · 담보내역 등에 관한 정보 및 자료 등은 비밀보장의 대상에서 제외된다.
23 ○
24 × 정보제공 사실의 기록 · 관리 의무관련 서류의 보관기간은 정보제공일로부터 5년간이다.
25 × 금융회사가 금융거래정보 등을 제공한 경우에는 정보 등을 제공한 날로부터 10일 이내에 제공한 거래정보 등의 주요 내용, 사용 목적, 제공받은 자 및 제공일자 등을 명의인에게 서면으로 통보하여야 한다.
26 ○
27 × 실명거래의무 위반행위를 하거나 설명의무 위반행위, 금융거래정보의 제공사실 통보의무 위반행위, 금융거래 정보 제공 내용 기록 · 관리의무 위반행위를 한 경우에는 3천만 원 이하의 과태료를 부과하도록 규정하고 있다.
28 ○
29 × 금융정보분석원금융기관 등으로부터 자금세탁 관련 의심거래를 수집 · 분석하여 불법거래, 자금세탁행위 또는 공중협박자금조달행위와 관련된다고 판단되는 금융거래자료를 법 집행기관(검찰청 · 경찰청 · 국세청 · 관세청 · 금융위 · 중앙선관위 등)에 제공하는 업무를 주 업무로 한다.

30 의심거래보고제도(Suspicious Transaction Report, STR)는 금융거래(카지노에서의 칩 교환 포함)와 관련하여 수수한 재산이 불법재산이라고 의심되는 합당한 근거가 있거나 금융거래의 상대방이 자금세탁행위를 하고 있다고 의심되는 합당한 근거가 있는 경우 이를 금융감독원장에게 보고토록 한 제도이다. ( )

31 불법재산 또는 자금세탁행위를 하고 있다고 의심되는 합당한 근거의 판단주체는 금융회사 종사자이다. ( )

32 특히 금융회사가 금융거래의 상대방과 공모하여 의심거래보고를 하지 않거나 허위보고를 하는 경우에는 6개월의 범위 내에서 영업정지처분도 가능하다. ( )

33 의심거래보고를 허위보고 하는 경우 1년 이하의 징역 또는 1천만 원 이하의 벌금에 처하며, 미보고하는 경우 5천만 원 이하의 과태료 부과도 가능하다. ( )

34 1거래일 동안 1천만 원 이상의 현금을 입금하거나 출금한 경우 거래자의 신원과 거래일시, 거래금액 등 객관적 사실을 전산으로 자동 보고토록 하고 있다. ( )

35 고액현금거래보고제도는 금융기관이 자금세탁의 의심이 있다고 주관적으로 판단하여 의심되는 합당한 사유를 적어 보고하는 의심거래보고제도(Suspicious Transaction Report, STR)와는 구별된다. ( )

36 고액현금거래보고의 기준금액은 「특정금융정보법」 제4조의2에서 정한 금액으로 동일인 기준 1회에 보낸 현금액을 기준으로 할 뿐 합산하여 산정하지 않는다. ( )

37 금융회사 등은 금융거래 등의 상대방에게 보고 기준금액 이상의 현금을 지급하거나 영수한 날로부터 30일 이내에 금융정보분석원장에게 보고해야 한다. ( )

38 고객확인제도(CDD : Customer Due Diligence)는 금융회사가 고객과 거래 시 고객의 실지명의(성명, 실명번호) 이외에 주소, 연락처, 실제 소유자 등을 확인하고, 자금세탁행위 등의 우려가 있는 경우 금융거래 목적 및 자금의 원천 등을 추가로 확인하는 제도이다. ( )

39 고객확인 과정에서 정보의 제공 및 관련 서류의 제출을 거부하는 경우라도 금융거래는 거절할 수 없다. ( )

40 2014년 5월 「특정금융정보법」 개정을 통해 국제기준에 따른 실제 소유자의 정의와 고객확인업무 수행 시 실제 소유자를 확인하도록 의무사항이 추가되었다. ( )

41 1천만 원(미화 1만 불 상당액) 이상의 일회성 금융거래는 고객확인대상에 해당한다. (　　)

42 100만 원 이하의 원화 송금(무통장입금 포함), 100만 원 이하에 상당하는 외국통화의 매입・매각은 고객확인의무 대상이다. (　　)

43 강화된 고객확인제도는 2008년부터 시행된 것으로 고객별・상품별 자금세탁 위험도를 분류하고 자금세탁위험이 큰 경우에는 더욱 엄격한 고객확인, 즉 실제 당사자 여부 및 금융거래 목적과 거래자금의 원천 등을 확인하도록 하는 제도이다. (　　)

topic 18 금융소비자보호

44 2020년 3월 금융소비자의 권익 증진과 금융소비자 보호의 실효성을 높이고 금융상품판매업 및 금융상품자문업의 건전한 시장질서 구축을 위하여 「금융소비자 보호에 관한 법률」이 제정(2021년 3월 시행)되었다. (　　)

45 적정성의 원칙은 소비자의 재산상황, 금융상품 취득・처분 경험 등의 정보를 파악하고 이에 비추어 부적합한 금융상품 계약 체결의 권유를 금지하는 것이다. (　　)

정답 및 해설

30 × 의심거래보고제도(Suspicious Transaction Report, STR)는 금융거래(카지노에서의 칩 교환 포함)와 관련하여 수수한 재산이 불법재산이라고 의심되는 합당한 근거가 있거나 금융거래의 상대방이 자금세탁행위를 하고 있다고 의심되는 합당한 근거가 있는 경우 이를 금융정보분석원장에게 보고토록 한 제도이다.
31 ○
32 ○
33 × 의심거래보고를 허위보고 하는 경우 1년 이하의 징역 또는 1천만 원 이하의 벌금에 처하며, 미보고하는 경우 3천만 원 이하의 과태료 부과도 가능하다,
34 ○
35 ○
36 × 고액현금거래보고의 기준금액은 「특정금융정보법」 제4조의2에서 정한 금액으로 동일인 기준 1거래일 동안 지급하거나 영수한 현금액을 각각 합산하여 산정한다.
37 ○
38 ○
39 × 고객확인 과정에서 정보의 제공 및 관련 서류의 제출을 거부하는 경우 금융거래를 거절할 수 있다.
40 ○
41 ○
42 × 100만 원 이하의 원화 송금(무통장입금 포함), 100만 원 이하에 상당하는 외국통화의 매입・매각 등은 고객확인의무 면제 대상이다.
43 ○
44 ○
45 × 적합성의 원칙은 소비자의 재산상황, 금융상품 취득・처분 경험 등의 정보를 파악하고 이에 비추어 부적합한 금융상품 계약 체결의 권유를 금지하는 것이다.

46 적정성의 원칙은 소비자가 자발적으로 구매하려는 금융상품이 소비자의 재산상황, 투자경험, 신용 및 변제계획 등에 비추어 부적정할 경우 이를 고지하고 확인한다. 단, 예금성 상품에 미적용된다. ( )

47 허위과장광고 금지는 금융상품 계약 체결 권유 시 소비자가 오인할 우려가 있는 허위 사실 등을 알리는 행위를 금지하는 것이다. ( )

48 「금융소비자보호법」은 설명의무 위반에 따른 손해배상청구 소송 시 고의·과실에 대한 입증 책임을 소비자가 아닌 금융회사가 입증하도록 한다. ( )

49 우체국예금의 경우 시중은행(금융상품의 원금과 이자를 합한 5,000만 원까지)과 동일하게 예금자 보호제도를 시행한다. ( )

50 일기능 – 동일규제 원칙 아래, 「금융소비자보호법(이하 금소법)」에서 적용되는 우체국 예금·보험법의 동일 상품에 대해서는 「금소법」을 최대한 준용한다. ( )

51 우체국 금융소비자 보호는 대출성상품, 투자성상품은 보장하지 않는다. ( )

52 금융당국의 분쟁조정제도(금융감독원 금융분쟁조정위원회)를 준용한 우체국예금·보험분쟁조정위원회는 법적 절차(소송) 없이, 고객과 우체국간의 분쟁을 공정하고 신속하게 해결하여 소비자의 권익을 보호한다. ( )

정답 및 해설

46 ○

47 × 부당권유행위 금지는 금융상품 계약 체결 권유 시 소비자가 오인할 우려가 있는 허위 사실 등을 알리는 행위를 금지하는 것이다. 허위·과장광고 금지는 금융상품 또는 판매업자 등의 업무에 관한 광고 시 필수 포함사항 및 금지행위 등을 규정한다.

48 ○

49 × 우체국예금의 경우 시중은행(금융상품의 원금과 이자를 합한 5,000만 원까지)과는 달리, 예금자보호 한도에 제한이 없다.

50 ○

51 ○

52 ○

Step 02 객관식으로 실전연습

01 **내부통제에 대한 설명으로 옳지 않은 것은?**

① 내부통제는 3가지 목적(운영, 보고, 준법)을 각각의 부서가 달성함으로써 전체 조직의 목표를 달성하도록 하는 수단이다.
② 내부통제는 통제환경, 리스크평가, 통제활동, 정보 및 소통, 모니터링의 5가지 요소로 구성된다.
③ 「금융실명거래 및 비밀보장에 관한 법률」은 금융회사가 효과적인 내부통제제도를 구축·운영해야 하는 법적인 근거를 제시하였다.
④ 영업활동 시 중요한 오류 및 일탈행위 가능성을 감소시키고 오류 등이 실제 발생하는 경우 시의 적절하게 감지하여 시정조치를 할 수 있다.

02 **내부통제에 대한 내용이다. 〈보기〉의 (　　)에 들어갈 내용을 바르게 짝지은 것은?**

보기
(가) (　　): 조직이 효율적인 업무 운영
(나) (　　): 정확하고 신뢰성 있는 재무보고 체계의 유지
(다) (　　): 관련 법규 및 내부정책·절차의 준수

	(가)	(나)	(다)
①	보고의 목적	준법의 목적	운영의 목적
②	운영의 목적	보고의 목적	준법의 목적
③	준법의 목적	운영의 목적	보고의 목적
④	운영의 목적	준법의 목적	보고의 목적

정답 및 해설

01 ③ 「금융회사의 지배구조에 관한 법률」은 금융회사가 효과적인 내부통제제도를 구축·운영해야 하는 법적인 근거를 제시하였다.
02 ② 순서대로 운영의 목적 – 보고의 목적 – 준법의 목적에 해당한다.

03 **〈보기〉 중 내부통제의 주요내용에 대한 내용으로 옳은 것은 몇 개인가?**

보기

ㄱ. 통제환경(Control Environment)
ㄴ. 리스크평가(Risk Assessment)
ㄷ. 정보와 의사소통(Information & Communication)
ㄹ. 모니터링(Monitoring Activities)

① 1개
② 2개
③ 3개
④ 4개

04 **〈보기〉에서 내부통제에 포함되어야 하는 사항에 대한 설명으로 옳은 것을 모두 고른 것은?**

보기

ㄱ. 업무 및 분장구조
ㄴ. 대표이사의 임면 절차
ㄷ. 상품 또는 서비스에 대한 광고의 제작 및 내용과 관련한 준수사항
ㄹ. 임직원이 업무를 수행할 때 준수해야 할 절차

① ㄱ, ㄴ
② ㄱ, ㄷ
③ ㄱ, ㄴ, ㄹ
④ ㄱ, ㄷ, ㄹ

05 **준법감시제도에 대한 설명으로 옳지 않은 것은?**

① 일반적으로 임직원 모두가 아닌 권한을 일정부분 가진 관리자가 선량한 관리자로서 제반 법규뿐만 아니라 내규까지 철저하게 준수하도록 사전 또는 상시적으로 통제·감독하는 것을 의미한다.
② 조직의 자산보호, 회계자료의 정확성 및 신뢰성 체크, 조직운영의 효율적 증진, 경영방침의 준수를 위하여 채택한 조정수단 및 조치 등을 포함하는 경우 내부통제에 해당한다.
③ 준법감시인(Compliance officer)이란 내부통제기준의 준수 여부를 점검하고 내부통제기준을 위반하는 경우 이를 조사하는 등 내부통제 관련 업무를 총괄하는 자이다.
④ 「우정사업본부 직제」(대통령령) 등에 따라 우정사업본부는 준법감시담당관을 준법감시인으로 정하고 있다.

06 **계좌에 의한 실명확인원칙에 대한 설명으로 옳지 않은 것은?**

① 계좌개설 시(신규 및 재예치)마다 실명확인증표 원본에 의하여 실명을 확인하여 거래원장, 거래신청서, 계약서 등에 "실명확인필"을 표시하고 확인자가 날인 또는 서명한다.
② 동시에 다수의 계좌를 개설하는 경우에도 기 실명확인된 실명확인증표 재사용은 불가능하다.
③ 대리인을 통하여 계좌개설을 할 경우 인감증명서가 첨부된 위임장을 징구한다.
④ 가족대리 시 가족관계확인서류(주민등록등본, 가족관계증명서, 가족관계등록부 등)를 징구한다.

정답 및 해설

03 ④ 통제환경(Control Environment), 리스크평가(Risk Assessment), 정보와 의사소통(Information & Communication), 모니터링(Monitoring Activities), 통제활동(Control Activities)이 내부통제의 5대요소이다.

04 ④ ㄴ. 대표이사의 임면절차는 포함되지 않으나 준법감시인의 임면 절차는 포함된다.
〈내부통제기준에 포함되어야 하는 사항〉

① 업무의 분장 및 조직구조
② 임직원이 업무를 수행할 때 준수하여야 하는 절차
③ 내부통제와 관련하여 이사회, 임원 및 준법감시인이 수행하여야 하는 역할
④ 내부통제와 관련하여 이를 수행하는 전문성을 갖춘 인력과 지원조직
⑤ 경영의사결정에 필요한 정보가 효율적으로 전달될 수 있는 체제의 구축
⑥ 임직원의 내부통제기준 준수 여부를 확인하는 절차·방법과 내부통제기준을 위한 임직원의 처리
⑦ 임직원의 금융관계법령 위반행위 등을 방지하기 위한 절차나 기준
⑧ 내부통제기준의 제정 또는 변경 절차
⑨ 준법감시인의 임면 절차
⑩ 이해상충을 관리하는 방법 및 절차 등
⑪ 상품 또는 서비스에 대한 광고의 제작 및 내용과 관련한 준수사항
⑫ 「금융회사의 지배구조에 관한 법률」 제11조 제1항에 따른 임직원 겸직이 연대 손해배상 면제요건(제11조 제4항)을 충족하는지에 대한 평가·관리
⑬ 그밖에 내부통제기준에서 정하여야 할 세부적인 사항으로서 금융위원회가 정하여 고시하는 사항

05 ① 일반적으로 임직원 모두가 고객재산의 선량한 관리자로서 제반 법규뿐만 아니라 내규까지 철저하게 준수하도록 사전 또는 상시적으로 통제·감독하는 것을 의미한다.

06 ② 동시에 다수의 계좌를 개설하는 경우 기 실명확인된 실명확인증표 재사용 가능하다.

07 〈보기〉에서 금융거래 비밀보장에 대한 설명으로 옳은 것을 모두 고른 것은? 23. 계리직

보기
ㄱ. 금융거래정보제공 관련 서류의 보관기간은 정보제공일로부터 5년간이다.
ㄴ. 통보유예기간이 종료되면 즉시 명의인에게 정보제공 사실과 통보유예 사유 등을 통보하여야 한다.
ㄷ. 과세자료의 제공, 금융회사 내부 또는 금융회사 상호 간에 정보를 제공한 경우에는 그 내용을 기록·관리하여야 한다.
ㄹ. 금융회사가 금융거래정보 등을 제공한 경우에는 정보 등을 제공한 날로부터 10일 이내에 명의인에게 서면으로 제공사실을 통보하여야 한다.

① ㄱ, ㄴ
② ㄱ, ㄹ
③ ㄴ, ㄷ
④ ㄷ, ㄹ

08 〈보기〉에서 「금융실명거래 및 비밀보장에 관한 법률」에 대한 설명으로 옳은 것을 모두 고른 것은? 24. 계리직

보기
ㄱ. 금융회사 등은 명의인의 서면상의 동의를 받아 명의인 외의 자에게 거래정보 등을 제공한 경우, 사용 목적은 기록·관리해야 할 대상이 아니다.
ㄴ. 금융회사 직원이 금융거래 비밀보장 의무위반행위를 한 경우, 3천만 원 이하의 과태료를 부과한다.
ㄷ. 특정인의 금융거래 사실 또는 금융거래정보를 식별할 수 없는 자료라도 비밀보장 대상이 된다.
ㄹ. 금융회사 업무 종사자는 본인이 취급하는 업무에 의하여 직접적 또는 간접적으로 금융거래정보를 알게 된 경우에 비밀보장 의무가 있다.

① ㄱ, ㄷ
② ㄱ, ㄹ
③ ㄴ, ㄹ
④ ㄷ, ㄹ

09 **금융실명거래 시 실명확인방법에 대한 설명으로 옳지 않은 것은?** 22. 계리직

① 금융회사 본부의 비영업부서 근무직원이라도 실명확인 관련 업무를 처리하도록 지시받은 경우에는 실명확인을 할 수 있다.
② 금융회사의 임·직원이 아닌 대출모집인이나 보험모집인 등 업무수탁자는 실명확인을 할 수 없다.
③ 대리인을 통하여 계좌개설을 할 경우 본인 및 대리인 모두의 실명확인증표와 본인의 인감증명서가 첨부된 위임장을 제시받아 실명확인을 하되 본인의 실명확인증표는 사본으로도 가능하다.
④ 재예치 계좌를 개설할 때에는 기존 계좌 개설 당시에 고객으로부터 징구하여 보관 중인 실명확인증표 사본을 재사용할 수 있다.

정답 및 해설

07 ② ㄴ. 통보유예기간이 종료되면 종료일부터 10일 이내 명의인에게 정보제공 사실과 통보유예 사유 등을 통보하여야 한다.
ㄷ. 과세자료의 제공, 금융회사 내부 또는 금융회사 상호 간에 정보를 제공한 경우에는 그 내용을 기록·관리의무가 면제된다.

08 ② ㄴ. 금융회사의 직원이 불법 차명거래 알선·중개행위를 하거나 금융거래 비밀보장의무 위반행위를 한 경우에는 5년 이하의 징역 또는 5천만 원 이하의 벌금에 처한다.
실명거래의무 위반행위를 하거나 설명의무 위반행위, 금융거래정보의 제공사실 통보의무 위반행위, 금융거래정보 제공 내용 기록·관리의무 위반행위를 한 경우에는 3천만 원 이하의 과태료를 부과하도록 규정하고 있다.
ㄷ. 특정인의 금융거래 사실 또는 금융거래정보를 식별할 수 없는 자료는 비밀보장 대상에서 제외한다.

09 ④ 계좌 개설 시(신규 및 재예치)마다 실명확인증표 원본에 의하여 실명을 확인하여 거래원장, 거래신청서, 계약서 등에 '실명확인필'을 표시하고 확인자가 날인 또는 서명(동시에 다수의 계좌를 개설하는 경우에는 기실명확인된 실명확인증표 재사용 가능)한다. 계좌 개설 시(신규 및 재예치)에는 기징구된 실명확인증표 사본 등 관련 서류의 재사용은 금지된다.

10 **금융실명거래에 대한 설명으로 옳지 않은 것은?**

① 금융기관에서 근무하는 본부직원, 서무원, 청원경찰 등은 실명 확인이 가능하다.
② 개인의 경우 실명확인증표는 주민등록증이 원칙이다.
③ 법인의 경우 사업자등록증, 고유번호증, 사업자등록증명원이 실명확인증표가 된다.
④ 비대면 실명확인 적용 대상자는 명의자 본인에 한정하고 대리인은 제외된다.

11 **「금융실명거래 및 비밀보장에 관한 법률」에 의거하여 금융기관이 금융거래정보를 제공할 때의 업무처리에 대한 설명으로 옳은 것은?** 14. 계리직

① 금융거래정보 등을 제공한 경우에는 그 내용을 표준양식에 따라 기록・관리하여 10년 동안 보관해야 한다.
② 금융거래정보 등의 제공사실에 대한 통보의무를 위반한 경우에는 3,000만 원 이하의 벌금에 처한다.
③ 금융거래정보 등을 제공한 경우에는 제공한 날로부터 10일 이내에 그 사실을 명의인에게 서면으로 통보하여야 한다.
④ 통보유예 요청을 받은 경우에는 통보유예 기간이 종료된 날로부터 30일 안에 정보제공 사실을 명의인에게 서면으로 통보하여야 한다.

12 **〈보기〉에서 비대면 실명확인에 대한 설명으로 옳은 것을 모두 고른 것은?**

보기

ㄱ. 비대면 실명확인 대상 금융거래는 계좌개설에 한정된다.
ㄴ. 비대면 실명확인 적용 대상자는 명의자 본인과 대리인 모두 가능하다.
ㄷ. 인정 대상 실명확인증표는 주민등록증, 운전면허증(모바일운전면허증 포함), 여권 또는 외국인등록증, 국가보훈등록증(모바일국가보훈등록증 포함)이다.
ㄹ. 비대면 실명확인의 적용 대상으로 개인뿐만 아니라 법인도 가능하다.

① ㄱ, ㄴ ② ㄱ, ㄷ
③ ㄴ, ㄹ ④ ㄷ, ㄹ

13 **실명확인 생략이 가능한 거래에 대한 설명으로 옳지 않은 것은?**

① 실명이 확인된 계좌에 의한 계속 거래
② 각종 공과금 등의 수납
③ 해외로 외화송금
④ 100만 원 이하의 외국통화 매입・매각

PART 02

14 〈보기〉에서 비밀보장의 대상에 대한 설명으로 옳은 것을 모두 고른 것은?

보기

ㄱ. 특정 명의인이 전화번호, 주소, 근무처 등이 포함된 금융거래 자료 또는 정보
ㄴ. 정보 요구자가 특정인의 성명, 주민등록번호, 계좌번호 등을 삭제하는 조건으로 요구한 당해 특정인의 식별 가능한 금융거래 자료 또는 정보
ㄷ. 순수한 대출거래・보증・담보내역 등에 관한 정보 및 자료
ㄹ. 대여금고 이용에 관한 정보

① ㄱ, ㄴ　② ㄱ, ㄷ
③ ㄴ, ㄹ　④ ㄷ, ㄹ

정답 및 해설

10 ① 후선부서 직원(본부직원, 서무원, 청원경찰 등)은 실명 확인할 수 없으나 본부부서 근무직원이 실명확인 관련 업무를 처리하도록 지시 또는 명령받은 경우는 실명확인을 할 수 있다.

11 ③

오답체크

① 금융거래정보 등을 제공한 경우에는 그 내용을 표준양식에 따라 기록・관리하여 5년간 보관해야 한다(금융실명거래 및 비밀보장에 관한 법률 제4조의3 제2항).
② 금융거래정보 등의 제공사실에 대한 통보의무를 위반한 경우에는 3,000만 원 이하의 과태료에 처한다(금융실명거래 및 비밀보장에 관한 법률 제7조 제1항).
④ 통보유예 요청을 받은 경우에는 통보유예 기간이 종료된 날로부터 10일 안에 정보제공 사실을 명의인에게 서면으로 통보하여야 한다(금융실명거래 및 비밀보장에 관한 법률 제4조의2 제1항).

12 ④ ㄱ. 비대면 실명확인 대상 금융거래는 계좌개설에 한정되는 것은 아니며 금융실명법상 실명확인 의무가 적용되는 모든 거래에 적용된다.
ㄴ. 비대면 실명확인 적용 대상자는 명의자 본인에 한정하고 대리인은 제외된다.

13 ③ 실명확인 대상 외국환거래의 종류는 외화예금, 환전(100만 원 초과), 해외로 외화송금, 해외로부터 외화 송금, 외화수표 추심 등이 있다.

14 ① 다음은 비밀보장의 대상에서 제외되는 것들이다.

① 금융거래에 관한 단순통계자료
② 성명, 주민등록번호, 계좌번호, 증서번호 등이 삭제된 다수 거래자의 금융거래 자료로서 특정인에 대한 금융거래정보를 식별할 수 없는 자료
③ '93. 8. 12이전에 거래된 무기명, 가명의 금융거래
④ 순수한 대출거래・보증・담보내역 등에 관한 정보 및 자료
⑤ 신용카드 발급, 가맹점 가입, 카드를 이용한 매출, 현금서비스, 기타 회원, 가맹점 및 채무관리 등에 관한 정보 및 자료
⑥ 대여금고 이용에 관한 정보
⑦ CCTV화면 관련 정보 단, CCTV관련 정보는 「개인정보 보호법」 등 타 법률에 따라 제한사항 여부 확인

15 **정보제공 사실의 기록·관리 의무에 대한 설명으로 옳지 않은 것은?**

① 금융회사가 명의인 이외의 자로부터 정보의 제공을 요구받았거나 명의인 이외의 자에게 정보 등을 제공하는 경우, 그 내용을 기록·관리하여야 한다.
② 과세자료의 제공, 금융회사 내부 또는 금융회사 상호 간의 정보제공의 경우는 기록·관리의무 대상이다.
③ 관련 서류의 보관기간은 정보제공일로부터 5년간이다.
④ 요구자의 인적사항, 요구하는 내용 및 요구일자, 제공의 법적근거 등은 기록·관리하여야 하는 사항에 해당한다.

16 **〈보기〉에서 금융거래정보제공에 대한 설명으로 옳은 것을 모두 고른 것은?**

보기
ㄱ. 금융회사가 금융거래정보 등을 제공한 경우에는 정보 등을 제공한 날로부터 10일 이내에 명의인에게 통보하여야 한다.
ㄴ. 제공한 거래정보 등의 주요 내용, 사용 목적, 제공받은 자 및 제공일자 등을 서면으로 통보하여야 한다.
ㄷ. 정보 등의 요구자가 통보 유예를 요청할 수 없다.
ㄹ. 통보유예기간이 종료되면 종료일로부터 30일 이내에 명의인에게 정보제공사실과 통보유예사유 등을 통보해야 한다.

① ㄱ, ㄴ ② ㄱ, ㄷ
③ ㄴ, ㄹ ④ ㄷ, ㄹ

17 **다음은 금융거래정보제공에 대한 설명이다. 옳은 것을 모두 고르시오.**

보기
ㄱ. 금융회사가 명의인 이외의 자로부터 정보의 제공을 요구받았거나 명의인 이외의 자에게 정보 등을 제공하는 경우, 그 내용을 기록·관리하여야 한다.
ㄴ. 과세자료의 제공, 금융회사 내부 또는 금융회사 상호 간의 정보제공의 경우에는 기록·관리의무가 면제된다.
ㄷ. 금융회사가 금융거래정보 등을 제공한 경우에는 정보 등을 제공한 날로부터 15일 이내에 제공한 거래정보 등의 주요 내용, 사용 목적, 제공받은 자 및 제공일자 등을 명의인에게 서면으로 통보하여야 한다.
ㄹ. 금융회사의 직원이 불법 차명거래 알선·중개행위를 하거나 금융거래 비밀보장의무 위반행위를 한 경우에는 3년 이하의 징역 또는 3천만 원 이하의 벌금에 처한다.

① ㄱ, ㄴ ② ㄱ, ㄷ
③ ㄴ, ㄹ ④ ㄷ, ㄹ

18 **자금세탁방지제도에 대한 설명으로 옳지 않은 것은?** 24. 계리직

① 이 제도는 「국제조세조정에 관한 법률」에 따라 금융거래 상대방의 금융정보 교환 의무, 인적 사항 확인 절차, 과태료 규정 등을 정의하고 있다.
② 의심거래보고(STR)를 허위로 하는 경우, 1년 이하의 징역 또는 1천만 원 이하의 벌금에 처한다.
③ 고객확인제도(CDD)는 금융회사가 고객과 거래 시 고객의 실지명의(성명, 실명번호) 이외에 주소, 연락처, 실제 소유자 등을 확인하는 제도이다.
④ 강화된 고객확인제도(EDD)는 차등화된 고객 확인을 실시하여 고객의 실지명의(성명, 실명번호) 및 CDD확인 이외에 금융거래 목적 · 거래자금의 원천 등까지 추가로 확인하는 제도이다.

19 **금융정보분석기구(FIU)에 대한 설명으로 옳지 않은 것은?**

① 우리나라의 금융정보분석기구는 금융정보분석원이다.
② 금융위원회 · 국세청 · 관세청 등 경제관련 부처의 전문인력만으로 구성되어 있다.
③ 금융기관 등으로부터 자금세탁 관련 의심거래를 수집 · 분석하여 불법거래, 자금세탁행위 또는 공중협박자금조달행위와 관련된다고 판단되는 금융거래자료를 법 집행기관(검찰청 · 경찰청 · 국세청 · 관세청 · 금융위 · 중앙선관위 등)에 제공하는 업무를 주 업무로 한다.
④ 금융기관 등의 의심거래 보고업무에 대한 감독 및 검사, 외국의 FIU와의 협조 및 정보교류 등을 담당하고 있다.

정답 및 해설

15 ② 과세자료의 제공, 금융회사 내부 또는 금융회사 상호 간의 정보제공의 경우에는 기록 · 관리의무가 면제된다.
16 ① ㄷ. 정보 등의 요구자가 통보 유예를 요청하는 경우에는 통보를 유예할 수 있다.
ㄹ. 통보유예기간이 종료되면 종료일로부터 10일 이내에 명의인에게 정보제공사실과 통보유예 사유 등을 통보해야 한다.
17 ① ㄷ. 금융회사가 금융거래정보 등을 제공한 경우에는 정보 등을 제공한 날로부터 10일 이내에 제공한 거래정보 등의 주요 내용, 사용 목적, 제공받은 자 및 제공일자 등을 명의인에게 서면으로 통보하여야 한다.
ㄹ. 금융회사의 직원이 불법 차명거래 알선 · 중개행위를 하거나 금융거래 비밀보장의무 위반행위를 한 경우에는 5년 이하의 징역 또는 5천만 원 이하의 벌금에 처한다.
18 ① 「특정 금융거래정보의 보고 및 이용 등에 관한 법률」 제2조 제4호 및 제5호, 「범죄수익은닉의 규제 및 처벌 등에 관한 법률」 제3조 참조하여 우리나라의 자금세탁 개념은 “불법재산의 취득 · 처분사실을 가장하거나 그 재산을 은닉하는 행위 및 탈세목적으로 재산의취득 · 처분사실을 가장하거나 그 재산을 은닉하는 행위”로 규정하고 있다.
19 ② 법무부 · 금융위원회 · 국세청 · 관세청 · 경찰청 · 금융감독원 등 관계기관의 전문인력으로 구성되어 있다.

20 〈보기〉에서 의심거래보고제도에 대한 설명으로 옳은 것을 모두 고른 것은?

보기
ㄱ. 카지노에서의 칩 교환은 의심거래보고 대상이 아니다.
ㄴ. 불법재산 또는 자금세탁행위를 하고 있다고 의심되는 합당한 근거의 판단주체는 금융정보분석원이다.
ㄷ. 금융회사가 금융거래의 상대방과 공모하여 의심거래보고를 하지 않거나 허위보고를 하는 경우에는 6개월의 범위 내에서 영업정지처분도 가능하다.
ㄹ. 의심거래보고를 허위보고 하는 경우 1년 이하의 징역 또는 1천만 원 이하의 벌금에 처하며, 미보고하는 경우 3천만 원 이하의 과태료 부과도 가능하다.

① ㄱ, ㄴ
② ㄱ, ㄷ
③ ㄴ, ㄹ
④ ㄷ, ㄹ

21 고액현금보고에 대한 설명으로 옳지 않은 것은?

① 1거래일 동안 1천만 원 이상의 현금을 입금하거나 출금한 경우 거래자의 신원과 거래일시, 거래금액 등 객관적 사실을 전산으로 자동 보고토록 하고 있다.
② 고액현금보고는 의심거래보고제도와 동일하게 금융종사자의 주관적 판단을 중시한다.
③ 국제적으로는 모든 국가가 이 제도를 도입하고 있는 것은 아니며, 각국이 사정에 맞게 도입·운영하고 있다.
④ 고액현금거래보고의 기준금액은 「특정금융정보법」 제4조의 2에서 정한 금액으로 동일인 기준 1거래일 동안 지급하거나 영수한 현금액을 각각 합산하여 산정한다.

22 다음 우체국 금융직원 중 가장 적절히 예금업무 처리를 한 직원으로 옳은 것은? 24. 계리직

① 연선: 고객이 방금 실수로 다른 계좌에 송금했다고 해서 즉시 예금보험공사에 반환지원 신청을 하시라고 안내했어.
② 승재: 고객이 대여금고를 약정하러 왔었는데 계속적 금융거래가 아니라서 고객확인제도(CDD)에서 말하는 고객 확인을 하지는 않았어.
③ 명은: 고객이 전화로 기업인터넷뱅킹서비스를 인터넷 뱅킹으로 가입 가능한지 물어봤는데 무조건 우체국 방문신청해야 한다고 안내했어.
④ 민경: 대리인(乙)이 우체국에 와서 본인(甲)의 신분증 사본으로 계좌 개설이 가능한지 물어보길래 사본으로는 불가능하다고 했어.

23 **금융실명거래 시 실명확인 방법에 대한 설명으로 옳지 않은 것은?** 22. 계리직

① 금융회사 본부의 비영업부서 근무직원이라도 실명확인 관련 업무를 처리하도록 지시받은 경우에는 실명확인을 할 수 있다.

② 금융회사의 임·직원이 아닌 대출모집인이나 보험모집인 등 업무 수탁자는 실명확인을 할 수 없다.

③ 대리인을 통하여 계좌개설을 할 경우 본인 및 대리인 모두의 실명확인증표와 본인의 인감증명서가 첨부된 위임장을 제시받아 실명확인을 하되 본인의 실명확인증표는 사본으로도 가능하다.

④ 재예치 계좌를 개설할 때에는 기존 계좌 개설 당시에 고객으로부터 징구하여 보관 중인 실명확인증표 사본을 재사용할 수 있다.

정답 및 해설

20 ④ ㄱ. 금융거래(카지노에서의 칩 교환 포함)와 관련하여 수수한 재산이 불법재산이라고 의심되는 합당한 근거가 있으면 가능하다.
ㄴ. 불법재산 또는 자금세탁행위를 하고 있다고 의심되는 합당한 근거의 판단주체는 금융회사 종사자이다.

21 ② 고액현금보고는 자동보고이므로 금융기관이 자금세탁의 의심이 있다고 주관적으로 판단하여 의심되는 합당한 사유를 적어 보고하는 의심거래보고제도(Suspicious Transaction Report, STR)와는 구별된다.

22 ③

오답체크

① 착오송금이 발생한 경우 즉시 예금보험공사에 반환신청을 할 수는 없고, 우선 금융기관을 통해 반환신청을 해야 한다.

② 보험·공제계약, 대출·보증·팩토링 계약의 체결, 양도성 예금증서, 표지어음의 발행, 펀드 신규 가입, 대여금고 약정, 보관어음 수탁을 위한 계약 등도 "계좌의 신규개설"에 포함된다.

④ 대리인을 통한 계좌개설을 할 경우 본인과 대리인 모두의 실명 확인증표와 첨부된 위임장의 진위여부확인을 위한 인감증명서 및 본인서명사실확인서를 제시받아 실명 확인을 하여야 한다. 이 경우 본인의 실명확인증표는 사본으로 가능하다.

23 ④ 계좌개설 시(신규 및 재예치)마다 실명확인증표 원본(동시에 다수의 계좌를 개설하는 경우 기 실명확인된 실명확인증표 재사용 가능)에 의하여 실명을 확인하여 거래원장, 거래신청서, 계약서 등에 "실명확인필"을 표시하고 확인자가 날인 또는 서명하여야 한다.

24 〈보기〉에서 고객확인의무 대상에 해당하는 것은?

보기
ㄱ. 계좌의 신규 개설
ㄴ. 1백만 원을 초과하는 전신송금
ㄷ. 「금융실명법」 제3조 제2항 제3호에서 정한 특정채권의 거래
ㄹ. 보험기간의 만료 시 보험계약자, 피보험자 또는 보험수익자에 대하여 만기환급금이 발생하지 아니하는 보험계약 등

① ㄱ, ㄴ
② ㄱ, ㄷ
③ ㄴ, ㄹ
④ ㄷ, ㄹ

25 〈보기〉에서 자금세탁방지제도에 대한 설명으로 옳은 것을 모두 고른 것은? 22. 계리직

보기
ㄱ. 금융감독원은 금융기관 등으로부터 자금세탁관련 의심거래를 수집·분석하여 불법거래, 자금세탁행위 또는 공중협박 자금조달행위와 관련된다고 판단되는 금융거래 자료를 법 집행기관에 제공한다.
ㄴ. 고객확인제도는 금융회사가 고객과 거래 시 자금세탁행위 등의 우려가 있는 경우 실제 당사자 여부 및 금융거래 목적을 확인하는 제도로, 금융실명제가 포함하지 않고 있는 사항을 보완하는 차원에서 「금융실명거래 및 비밀보장에 관한 법률」을 개정하고 이 제도를 도입하였다.
ㄷ. 고액현금거래보고제도는 1일 거래일 동안 1천만 원 이상의 현금을 입금하거나 출금한 경우 거래자의 신원과 거래일시, 거래금액 등 객관적 사실을 전산으로 자동 보고하는 것이다.
ㄹ. 2010년 6월 30일부터 의심거래보고 기준금액이 2천만 원에서 1천만 원으로 하향 조정되고, 2013년 8월 13일부터 의심거래보고 기준금액이 삭제됨에 따라 의심거래보고 건수는 크게 증가되고 있는 추세이다.

① ㄱ, ㄴ ② ㄱ, ㄹ ③ ㄴ, ㄹ ④ ㄷ, ㄹ

26 다음 밑줄 친 내용에 대한 설명으로 옳은 것은? 24. 계리직

금융소비자보호법은 개별업법에서 일부 금융상품에 한정하여 적용하고 있는 <u>금융상품 6대 판매 원칙</u>을 모든 금융상품으로 확대하여 적용하였다.

① 예금성 상품의 경우, 수익률 등 변동 가능성이 없는 상품에 한정하여 적합성의 원칙이 적용된다.
② 적정성의 원칙에 따르면 소비자에게 부적합한 금융상품 계약체결의 권유를 금지하여야 한다.
③ 소비자가 설명을 요청하는 경우뿐만 아니라 계약체결을 권유할 경우에도 상품의 중요사항을 설명하여야 한다.
④ 소비자가 오인할 우려가 있는 허위사실 등을 알리는 행위를 금지하는 것은 불공정 영업행위 금지에 해당한다.

27 다음은 금융소비자 보호를 위한 장치에 대한 설명이다. 옳은 것을 모두 고르시오.

보기

ㄱ. 「금융소비자보호법」은 금융상품 판매원칙 위반 등 금융상품판매업자 등의 판매원칙 준수를 위한 다양한 실효성 확보 수단을 명시하고 위반 시 제재를 강화하였다.
ㄴ. 설명의무 위반에 따른 손해배상청구 소송 시 고의·과실에 대한 입증 책임을 소비자가 입증하도록 하고 있다.
ㄷ. 청약철회권을 도입하여 일정기간 내 소비자가 금융상품 계약을 철회하는 경우 금융상품 판매자는 이미 받은 받은 금전, 재화 중 비용을 제외하고 반환하여야 한다.
ㄹ. 투자성 상품의 철회 숙려기간은 계약서류 제공일 또는 계약체결일로부터 7일 이내이다.

① ㄱ, ㄴ　　② ㄱ, ㄹ
③ ㄴ, ㄹ　　④ ㄷ, ㄹ

정답 및 해설

24 ① 계좌의 신규 개설, 1천만 원(미화 1만 불 상당액) 이상의 일회성 금융거래, 1백만 원을 초과하는 전신송금, 금융거래의 실제 당사자 여부가 의심되는 등 자금세탁행위나 공중협박자금조달 행위를 할 우려가 있는 경우는 고객확인 의무대상이다.

※ 고객확인의무 면제 대상
- 「금융실명법」 상 실명확인 생략 가능한 각종 공과금 등의 수납, 100만 원 이하의 원화 송금(무통장입금 포함), 100만 원 이하에 상당하는 외국통화의 매입·매각
- 「금융실명법」 제3조 제2항 제3호에서 정한 특정채권의 거래
- 법원공탁금, 정부·법원 보관금, 송달료를 지출한 금액
- 보험기간의 만료 시 보험계약자, 피보험자 또는 보험수익자에 대하여 만기환급금이 발생하지 아니하는 보험계약 등

25 ④ ㄱ. 우리나라의 자금세탁방지기구는 「특정금융거래정보의 보고 및 이용에 관한 법률」에 의거하여 설립된 금융정보분석원(Korea Financial Intelligence Unit, KoFIU)이다.
ㄴ. 2010년 7월 새롭게 제정·시행된 「자금세탁방지 및 공중협박자금조달금지 업무규정(FIU고시)」에서는 고객확인제도의 이행사항을 상세하게 규정하고 있다.

26 ③

오답체크

① 예금성 상품의 경우, 수익률 등 변동 가능성이 있는 상품에 한정하여 적합성의 원칙이 적용된다.
② 적합성의 원칙에 따르면 소비자에게 부적합한 금융상품 계약체결의 권유를 금지하여야 한다.
적정성의 원칙은 소비자가 자발적으로 구매하려는 금융상품이 소비자의 재산상황, 투자경험, 신용 및 변제계획에 비추어 부적정할 경우 이를 고지하고 확인하도록 하는 것이다.
④ 소비자가 오인할 우려가 있는 허위사실 등을 알리는 행위를 금지하는 것은 부당권유행위 금지에 해당한다.

27 ② ㄴ. 설명의무 위반에 따른 손해배상청구 소송 시 고의·과실에 대한 입증 책임을 소비자가 아닌 금융회사가 입증하도록 한다.
ㄷ. 청약철회권을 도입하여 일정기간 내 소비자가 금융상품 계약을 철회하는 경우 금융상품 판매자는 이미 받은 금전·재화 등을 소비자에게 반환하여야 한다.

28 **소비자가 자발적으로 구매하려는 금융상품이 소비자의 재산상황, 투자경험, 신용 및 변제계획 등에 비추어 부적정할 경우 이를 고지하고 확인하는 판매원칙은?**

① 적합성의 원칙
② 적정성의 원칙
③ 부당권유행위 금지
④ 설명의무

29 **〈보기〉의 ( )에 들어갈 내용을 바르게 짝지은 것은?**

보기
(가) ( ): 소비자가 자발적으로 구매하려는 금융상품이 소비자의 재산상황, 투자경험, 신용 및 변제계획 등에 비추어 부적정할 경우 이를 고지하고 확인하는 것이다.
(나) ( ): 판매업자 등이 금융상품 판매 시 우월적 지위를 이용하여 소비자의 권익을 침해하는 행위를 금지하는 것이다.
(다) ( ): 금융상품 계약 체결 권유 시 소비자가 오인할 우려가 있는 허위 사실 등을 알리는 행위를 금지한다.

	(가)	(나)	(다)
①	적합성의 원칙	불공정영업행위 금지	부당권유행위 금지
②	적합성의 원칙	부당권유행위 금지	허위・과장광고 금지
③	적정성의 원칙	불공정영업행위 금지	부당권유행위 금지
④	적정성의 원칙	부당권유행위 금지	허위・과장광고 금지

30 **금융소비자보호를 위한 장치에 대한 설명으로 옳지 않은 것은?**

① 설명의무 위반에 따른 손해배상청구 소송 시 고의・과실에 대한 입증 책임을 소비자가 아닌 금융회사가 입증하도록 한다.
② 보장성상품은 보험증권 수령일로부터 15일과 청약체결일로부터 30일 중 먼저 도래하는 기간 이내에 철회 가능하다.
③ 투자성・금융상품자문상품은 계약서류 제공일 또는 계약체결일로부터 15일 이내 철회가능하다.
④ 대출성 상품은 계약서류제공일, 계약체결일 또는 계약에 따른 금전・재화 등 제공일로부터 14일 이내 철회가능하다.

31 〈보기〉에서 우체국 금융 소비자보호에 관련한 상품으로 옳은 것을 모두 고른 것은?

보기
ㄱ. 예금성 상품
ㄴ. 대출성 상품
ㄷ. 투자성 상품
ㄹ. 보장성 상품

① ㄱ, ㄴ
② ㄱ, ㄹ
③ ㄴ, ㄹ
④ ㄷ, ㄹ

32 다음은 우체국 금융 소비자보호에 대한 설명이다. 옳은 것을 모두 고르시오.

보기
ㄱ. 우체국예금의 경우 시중은행의 예금자 보호와 동일하게 금융상품의 원금과 이자를 합한 5,000만 원까지 보호한다.
ㄴ. 우체국 금융은 동일 기능이라도 특별법인 「우체국예금 · 보험에 관한 법률」을 적용할 뿐 「금융소비자보호법(이하 금소법)」은 적용하지 않는다.
ㄷ. 우체국 금융은 금융당국의 분쟁조정제도를 준용한 우체국예금 · 보험분쟁조정위원회를 운용하고 있다.
ㄹ. 우체국 금융은 연락금지요구, 야간판매금지 등을 준수사항으로 두고 있다.

① ㄱ, ㄴ
② ㄱ, ㄷ
③ ㄴ, ㄹ
④ ㄷ, ㄹ

정답 및 해설

28 ②

오답체크

① 적합성의 원칙: 소비자의 재산상황, 금융상품 취득 · 처분 경험 등의 정보를 파악하고 이에 비추어 부적합한 금융상품 계약 체결의 권유를 금지한다.

③ 부당권유행위 금지: 금융상품 계약 체결 권유 시 소비자가 오인할 우려가 있는 허위 사실 등을 알리는 행위를 금지한다.

④ 설명의무: 계약 체결을 권유하거나 소비자가 설명을 요청하는 경우 상품의 중요사항을 설명한다.

29 ③ 적정성의 원칙 – 불공정영업행위 금지 – 부당권유행위 금지에 해당한다.

30 ③ 투자성 · 금융상품자문상품은 계약서류 제공일 또는 계약체결일로부터 7일 이내 철회가능하다.

31 ② 예금성 상품과 보장성 상품만 해당되며, 대출성 상품과 투자성 상품은 해당하지 않는다.

32 ④ ㄱ. 우체국예금의 경우 시중은행(금융상품의 원금과 이자를 합한 5,000만 원까지)과는 달리, 예금자보호 한도에 제한이 없다.

ㄴ. 동일기능 – 동일규제 원칙 아래, 「금융소비자보호법(이하 금소법)」에서 적용되는 우체국 예금 · 보험법의 동일 상품에 대해서는 「금소법」을 최대한 준용한다.

Chapter 07

예금관련법

Step 01 OX로 핵심잡기

topic 19 예금자보호, 금융소득 종합과세, 금융정보자동교환협정

01 예금자 보호제도는 예금자보호법에 의해 설립된 예금보험공사가 평소에 금융회사로부터 보험료(예금보험료)를 받아 기금(예금보험기금)을 적립한 후, 금융회사가 예금을 지급할 수 없게 되면 금융회사를 대신하여 예금(예금보험금)을 지급하게 된다. ( )

02 예금보험은 예금자를 보호하기 위한 목적으로 법에 의해 운영되는 사적보험이다. ( )

03 예금자 보호법 보호대상 금융회사는 은행, 보험회사(생명보험 · 손해보험회사), 투자매매업자 · 투자중개업자, 종합금융회사, 상호저축은행, 농 · 수협 지역조합, 신용협동조합, 새마을금고이다. ( )

04 우체국의 경우 예금보험공사의 보호대상 금융회사는 아니다. ( )

05 우체국의 경우 원금과 소정이자를 합하여 1인당 5천만 원(세전)까지만 보호된다. ( )

06 예금자 보호대상은 지점별이 아니며 동일한 금융회사에 대한 총금액이다. ( )

07 확정기여형퇴직연금제도 또는 개인퇴직연금제도의 적립금을 합하여 가입자 1인당 최고 5천만 원(세전)까지 다른 예금과 별도로 보호한다. ( )

08 예금보호대상 금융상품으로 운용되는 중소기업퇴직연금기금의 적립금(실예금자별 보호)과, 보험계약의 사고보험금 및 연금저축(신탁 · 보험)은 다른 예금을 포함하여 5천만 원을 보호하고 있다. ( )

09 예금자 1인이라 함은 개인뿐만 아니라 법인도 대상이 된다. ( )

10 개인별 연간 금융소득(이자 · 배당 소득)이 2천만 원 이하일 경우 분리징수한다. ( )

11 2천만 원을 초과하는 금융소득이면 2천만 원에 대하여는 원천징수세율을 적용하고 2천만 원을 초과하는 금액은 다른 종합소득(근로소득 · 사업소득 · 연금소득 등)과 합산하여 누진세율을 적용하여 종합과세한다. ( )

12 이자소득은 총수입금액이 되며 배당소득과 달리 비과세되는 이자소득은 포함하지 않는다. ( )

13 배당소득이 종합소득에 합산되는 경우 법인단계에서 부담한 것으로 간주되는 귀속법인세를 배당소득 총수입금액에 가산하여 Gross-up제도를 적용한다. ( )

14 금융소득 종합과세 시 최소한 원천징수세율(14%) 이상의 세부담이 되도록 하기 위해 2천만 원을 초과하는 금융소득만 다른 종합소득과 합산하여 산출세액을 계산하고 2천만 원 이하 금액은 원천징수세율(14%)을 적용하여 산출세액을 계산한다. ( )

15 개인연금저축의 이자 · 배당, 개인종합자산관리계좌(ISA)에서 발생하는 금융소득(이자소득과 배당소득)의 합계액 중 200만 원 또는 400만 원까지의 금액은 비과세 금융소득이다. ( )

16 직장공제회 초과반환금은 비과세 금융소득이다. ( )

정답 및 해설

01 ○
02 × 예금보험은 예금자를 보호하기 위한 목적으로 법에 의해 운영되는 공적보험이다.
03 × 농 · 수협 지역조합, 신용협동조합, 새마을금고는 현재 예금보험공사의 보호대상 금융회사는 아니며, 관련 법률에 따른 자체 기금에 의해 보호된다.
04 ○
05 × 우체국의 경우 우체국예금(이자 포함)과 우체국보험 계약에 따른 보험금 등 전액에 대하여 국가에서 지급을 책임지고 있다.
06 ○
07 ○
08 × 예금보호대상 금융상품으로 운용되는 중소기업퇴직연금기금의 적립금(실예금자별 보호)과, 보험계약의 사고보험금 및 연금저축(신탁 · 보험)도 각각 1인당 5천만 원(세전)까지 다른 예금과 별도로 보호하고 있다.
09 ○
10 × 개인별 연간 금융소득(이자 · 배당 소득)이 2천만 원 이하일 경우 원천징수한다.
11 ○
12 × 이자소득과 배당소득은 원칙적으로 비과세 되는 것은 포함하지 않는다.
13 ○
14 ○
15 ○
16 × 직장공제회 초과반환금은 분리과세 금융소득이다.

17 종합과세대상 금융소득이 발생한 경우(1년간 금융소득이 2천만 원을 초과한 경우 또는 국내에서 원천징수 되지 않는 금융소득이 있는 경우) 발생년도 다음 해 5월 1일부터 5월 31일까지 주소지 관할세무서에 종합소득세 확정 신고・납부하여야 한다. (   )

18 우리나라는 2012년 4월 한미 재무장관 회의에서 상호교환 방식으로 '금융정보자동교환 협정'을 체결하기로 하고 협상을 진행하여 2014년 3월 협정문에 합의하였으며 2015년 6월 양국 간 정식 서명하였다. (   )

19 국세청은 2014년부터 다자 간 금융정보자동교환 협정 (MCAA협정)에 따라 협정 참여 관할권들과 금융정보를 상호 교환하고 있다. (   )

20 금융정보 자동교환을 위한 국제 협정을 이행하기 위하여 국내 금융거래회사 등은 관리하고 있는 금융계좌 중 계좌보유자가 보고대상 '해외 납세의무자'에 해당하는지 여부를 확인하는 실사절차를 수행해야 한다. (   )

21 정보수집 및 보고의 의무제외계좌에 해당하는 계좌들은 보고는 제외되지만 실사절차, 계좌잔액 합산 대상 금융계좌에서는 제외되지 않는다. (   )

정답 및 해설

17 ○

18 ○

19 × 국세청은 2017년부터 다자 간 금융정보자동교환 협정 (MCAA협정)에 따라 협정 참여 관할권들과 금융정보를 상호 교환하고 있다.

20 ○

21 × 정보수집 및 보고의 의무제외계좌에 해당하는 계좌들은 보고뿐만 아니라 실사절차, 계좌잔액 합산 대상 금융계좌에서도 제외된다.

Step 02 객관식으로 실전연습

01 예금자보호에 대한 설명으로 옳지 않은 것은? 23. 계리직

① 정부, 지방자치단체(국 · 공립학교 포함), 한국은행, 금융감독원, 예금보험공사, 부보금융회사의 예금은 보호대상에서 제외한다.
② 주택청약저축, 주택청약종합저축 상품은 보호금융상품이며, 주택청약예금, 주택청약부금은 비보호금융상품이다.
③ 보호금액 5천만 원은 예금의 종류별 또는 지점별 보호금액이 아니라 동일한 금융회사 내에서 예금자 1인이 보호받을 수 있는 총 금액이다.
④ 예금보험공사로부터 보호받지 못한 나머지 예금은 파산한 금융회사가 선순위채권을 변제하고 남는 재산이 있는 경우 이를 다른 채권자들과 함께 채권액에 비례하여 분배받는다.

02 예금자 보호제도의 보호대상 금융회사가 아닌 금융기관은?

① 농협은행
② 수협은행
③ 농 · 수협 지역조합
④ 상호저축은행

03 다음은 예금보험에 대한 설명이다. 옳은 것을 모두 고르시오.

보기
ㄱ. 예금보험은 예금자를 보호하기 위한 목적으로 법에 의해 운영되는 공적보험이다.
ㄴ. 예금을 대신 지급할 재원이 금융회사가 납부한 예금 보험료만으로도 부족할 경우에는 예금보험공사가 직접 채권(예금보험기금채권)을 발행하는 등의 방법을 통해 재원을 조성하게 된다.
ㄷ. 지점별로 원금과 소정이자를 합하여 1인당 5천만 원(세전)까지만 보호되며 초과금액은 보호되지 않는다.
ㄹ. 예금자 1인이라 함은 개인만 해당할 뿐 법인은 해당하지 않는다.

① ㄱ, ㄴ
② ㄱ, ㄷ
③ ㄴ, ㄹ
④ ㄷ, ㄹ

정답 및 해설

01 ② 주택청약저축, 주택청약종합저축 상품은 비보호금융상품이고 주택청약예금, 주택 청약부금은 보호금융상품이다.
02 ③ 농 · 수협 지역조합, 신용협동조합, 새마을금고는 현재 예금보험공사의 보호대상 금융회사는 아니며, 관련 법률에 따른 자체 기금에 의해 보호된다.
03 ① ㄷ. 원금과 소정이자를 합하여 1인당 5천만 원(세전)까지만 보호되며 초과금액은 보호되지 않는다. 또한, 지점별이 아니며 동일한 금융회사에 대한 총금액이다.
ㄹ. 예금자 1인이라 함은 개인뿐만 아니라 법인도 대상이 된다.

04 〈보기〉에서 예금자 보호제도에 대한 설명으로 옳은 것을 모두 고른 것은?

보기

ㄱ. 금융회사의 예금과 정부, 지방자치단체(국・공립학교 포함), 한국은행, 금융감독원, 예금보험공사, 부보금융회사의 예금은 보호대상에 해당한다.
ㄴ. 원금과 소정이자를 합하여 1인당 5천만 원(세후)까지만 보호되며 초과금액은 보호되지 않는다.
ㄷ. 예금보호대상금액은 지점별이 아니며 동일한 금융회사에 대한 총금액이다.
ㄹ. 예금보호대상 금융상품으로 운용되는 확정기여형퇴직연금제도 또는 개인퇴직연금제도의 적립금을 합하여 가입자 1인당 최고 5천만 원(세전)까지 다른 예금과 별도로 보호된다.

① ㄱ, ㄴ
② ㄱ, ㄷ
③ ㄴ, ㄹ
④ ㄷ, ㄹ

05 예금자 보호제도에 대한 설명으로 옳지 않은 것은?

① 예금자 1인이라 함은 개인만 해당한다.
② 예금의 지급이 정지되거나 파산한 금융회사의 예금자가 해당 금융회사에 대출이 있는 경우에는 예금에서 대출금을 먼저 상환(상계)시키고 남은 예금을 기준으로 보호한다.
③ 확정기여형퇴직연금제도 또는 개인퇴직연금제도의 적립금을 합하여 가입자 1인당 최고 5천만 원(세전)까지 다른 예금과 별도로 보호한다.
④ 중소기업퇴직연금기금의 적립금(실예금자별 보호)과, 보험계약의 사고보험금 및 연금저축(신탁・보험)도 각각 1인당 5천만 원(세전)까지 다른 예금과 별도로 보호하고 있다.

06 〈보기〉에서 소득과 과세에 대한 설명으로 옳은 것은 몇 개인가?

보기

ㄱ. 개인별 연간 금융소득(이자・배당 소득)이 2천만 원 이하일 경우 원천징수한다.
ㄴ. 2천만 원을 초과하는 금융소득일 경우 2천만 원에 대하여는 원천징수세율을 적용한다.
ㄷ. 종합과세란 이자소득 등 종합소득 중 비과세소득과 분리과세소득을 제외한 소득을 합산하여 누진세율을 적용하는 방법이다.
ㄹ. 분리과세란 타소득과 합산되지 아니하고 분리과세 대상소득이 발생할 때에 건별로 단일세율에 의하여 원천징수의무자가 원천징수함으로써 당해 소득자는 납세의무가 종결되는 과세 방식이다.

① 1개
② 2개
③ 3개
④ 4개

07 다음 〈보기〉에서 종합과세 대상 소득은?

보기
- 3년만기 채권의 이자와 할인액 2,100만 원
- 비영업대금의 이익 200만 원
- 직장공제회 초과반환금 1,000만 원
- 근로소득 2,000만 원

① 2,100만 원
② 2,300만 원
③ 4,300만 원
④ 5,300만 원

08 다음 〈보기〉에서 종합과세 대상 소득은?

보기
- 3년만기 채권의 이자와 할인액 2,000만 원
- 국외에서 받은 집합투자기구로부터의 이익 500만 원
- 비실명거래로 인한 이자소득 1,500만 원
- 근로소득 2,500만 원

① 2,500만 원
② 4,000만 원
③ 4,500만 원
④ 5,000만 원

정답 및 해설

04 ④ ㄱ. 정부, 지방자치단체(국 · 공립학교 포함), 한국은행, 금융감독원, 예금보험공사, 부보금융회사의 예금은 보호대상에서 제외한다.
ㄴ. 원금과 소정이자를 합하여 1인당 5천만 원(세전)까지만 보호되며 초과금액은 보호되지 않는다.
05 ① 예금자 1인이라 함은 개인뿐만 아니라 법인도 대상이 된다.
06 ④ 모두 옳은 지문이다.
07 ③ 1) 무조권 분리과세 대상 제외 : 직장공제회 초과반환금 1,000만 원
2) 나머지는 종합과세대상이므로 4,300만 원이다.
08 ④ 1) 무조건 분리과세 대상 제외 : 비실명 거래로 인한 이자소득 · 배당소득제외
2) 나머지는 종합과세대상이므로 5,000만 원이다.

09 **분리과세 되는 금융소득에 대한 설명으로 옳지 않은 것은?**

① 직장공제회 초과반환금
② '17.12.31. 이전에 가입한 10년 이상 장기채권(3년 이상 계속하여 보유)으로 분리과세를 신청한 이자와 할인액
③ 영농·영어조합법인의 배당
④ 국내에서 받는 2천만 원 이하의 금융소득으로서 「소득세법」 제127조에 따라 원천징수 되지 않은 금융 소득

10 **금융소득과세에 대한 설명으로 옳지 않은 것은?**

① 개인별 연간 금융소득(이자·배당 소득)이 2천만 원 이하일 경우 원천징수한다.
② 2천만 원에 대하여는 원천징수세율을 적용하고 2천만 원을 초과하는 금액은 다른 종합소득(근로소득·사업소득·연금소득 등)과 합산하여 누진세율을 적용하여 종합과세한다.
③ 금융소득은 금융자산의 저축이나 투자에 대한 대가를 말하며, 이자소득과 배당소득을 합하여 말한다.
④ 배당소득이 종합소득에 합산되는 경우 법인단계에서 부담한 것으로 간주되는 귀속법인세를 배당소득 총수입금액에 차감하여 Gross-up제도를 적용한다.

11 **금융정보 자동교환을 위한 국내 규정이 아닌 것은?**

① 국제조세조정에 관한 법률 제36조, 제37조, 제89조
② 「우체국예금·보험에 관한 법률」 제4조
③ 국제조세조정에 관한 법률 시행령 제75조, 제146조
④ 정보교환협정에 따른 금융정보자동교환 이행규정 (기획재정부 고시)

12 **〈보기〉에서 정보수집 및 보고의 의무에 대상으로 옳은 것을 모두 고른 것은?**

보기

ㄱ. 조합의 자본 또는 수익에 대한 지분
ㄴ. 예금, 적금, 부금계약
ㄷ. 생명보험계약
ㄹ. 개인퇴직계좌

① ㄱ, ㄴ
② ㄱ, ㄷ
③ ㄴ, ㄹ
④ ㄷ, ㄹ

13 다음은 금융정보자동교환에 대한 설명이다. 옳은 것을 모두 고르시오.

보기

ㄱ. 국세청은 국내 금융거래회사 등으로부터 미국 거주자 등의 금융정보를 수집하여 2017년부터는 매년 6월 국내 금융거래회사 등으로부터 금융정보를 수집하여 9월에 상호교환하고 있다.
ㄴ. 금융계좌라 하더라도 개인퇴직계좌, 생명보험계약 등 해당하는 계좌들은 보고뿐만 아니라 실사절차, 계좌잔액 합산 대상 금융계좌에서도 제외된다.
ㄷ. 한국금융회사는 한국거주자와 상대국거주자의 정보를 직접 조사하여 모두 교환할 수 있다.
ㄹ. 금융거래회사등은 보고대상 금융계좌에 대한 정보를 수집하여 해당 정보를 금융감독원에 보고하여야 한다.

① ㄱ, ㄴ
② ㄱ, ㄷ
③ ㄴ, ㄹ
④ ㄷ, ㄹ

정답 및 해설

09 ④ 금융소득이 2천만 원(종합과세기준금액)을 초과하는 경우와 국내에서 원천징수 되지 않은 금융소득 즉, 국내에서 원천징수 되지 않은 국외에서 받는 금융소득, 국내에서 받는 2천만 원 이하의 금융소득으로서 「소득세법」 제127조에 따라 원천징수 되지 않은 금융 소득은 종합과세 대상이다.

10 ④ 배당소득이 종합소득에 합산되는 경우 법인단계에서 부담한 것으로 간주되는 귀속법인세를 배당소득 총수입금액에 가산하여 Gross-up제도를 적용한다.

11 ② 「우체국예금 · 보험에 관한 법률」 제4조(국가의 지급 책임)에 의거하여 우체국예금(이자 포함)과 우체국보험 계약에 따른 보험금 등 전액에 대하여 국가에서 지급을 책임지고 있다. 이는 금융 정보 자동교환을 위한 국내규정은 아니다.

12 ① 개인퇴직계좌, 생명보험계약 등과 같이 해당 계좌가 세제혜택 대상이고 계좌에 관한 정보가 과세당국에 보고되는 등 이행규정(제31조 제외계좌)에서 규정한 특정 조건을 모두 충족하며 조세회피 등에 사용될 위험이 낮은 것으로 판단되는 특정 금융계좌이다.

13 ① ㄷ. 한국금융회사는 상대국거주자의 정보 제공하여 교환할 수 있다.
ㄹ. 금융거래회사 등은 보고대상 금융계좌에 대한 정보를 수집하여 해당 정보를 국세청에 보고하여야 한다.

우체국 금융상품

우체국 금융상품

Step 01 OX로 핵심잡기

topic 20 예금상품

01 우체국의 예금상품 개발 시 고려사항은 수익성, 공공성, 안정성, 소비자 보호, 투자성이다. ( )

02 예금상품의 이자율은 「우체국예금 · 보험에 관한 법률」에 따라 고시하는 기본이자율에 우대이자율을 더하여 정한다. ( )

03 우체국은 예금종류별 이율표를 창구 또는 인터넷 홈페이지에 비치 · 게시하고, 이율을 바꾼 때는 그 바꾼 내용을 창구 또는 인터넷 홈페이지에 1개월 동안 게시한다. ( )

04 법령의 개정이나 제도의 개선 등으로 긴급히 약관을 변경할 때에는 1개월 전에 그 내용을 우체국과 인터넷 홈페이지에 게시하여 예금주에 알린다. ( )

05 예금이율을 변경한 때에 거치식 · 적립식예금은 계약당시의 이율을 적용하되, 변동금리가 적용되는 예금은 금리를 변경한 다음날로부터 변경이율을 적용한다. ( )

06 듬뿍우대저축예금은 MMDA상품이다. ( )

07 e-Postbank 예금은 실명의 개인으로 인터넷뱅킹, 스마트뱅킹 또는 우체국 창구를 통해 가입하고 별도의 통장 발행이 필요하다. ( )

08 우체국 행복지킴이통장은 국가에서 지급하는 각종 복지급여 수급자로 압류방지 전용통장은 아니다. ( )

09 우체국 하도급지킴이통장은 법인 및 사업자등록증을 소지한 개인사업자, 고유번호(또는 납세번호)를 부여받은 단체만 가입 가능하다. ( )

10 우체국 다드림통장의 실버대상자는 50세 이상의 실명의 개인이다. ( )

11 우체국 생활든든통장의 가입대상은 65세 이상 실명의 개인이다. ( )

12 우체국 페이든든+ 통장은 실명의 개인만 가입 가능하다. ( )

13 우체국 청년미래든든통장은 가입대상은 18세 이상 ~ 35세 이하 실명의 개인이다. ( )

14 우체국 건설 하나로 통장은 건설업에 종사하는 '우체국 건설 올패스 카드' 이용고객을 우대하는 전용통장이다. ( )

15 챔피언 정기예금은 우체국 창구를 통해 가입하는 경우 가입대상은 실명의 개인이다. ( )

정답 및 해설

01 × 우체국의 예금상품 개발 시 고려사항은 수익성, 공공성, 안정성, 소비자 보호이다. 투자성은 포함되지 않는다.
02 ○
03 ○
04 × 우체국이 약관을 변경할 때에는 변경약관 시행일 1개월 전에 그 내용을 우체국과 인터넷 홈페이지에 게시하여 예금주에 알린다. 다만, 법령의 개정이나 제도의 개선 등으로 긴급히 약관을 변경할 때에는 즉시 이를 게시 또는 공고하여야 한다.
05 × 예금이율을 변경한 때에 거치식 · 적립식예금은 계약당시의 이율을 적용하되, 변동금리가 적용되는 예금은 금리를 변경한 날로부터 변경이율을 적용한다.
06 ○
07 × e-Postbank 예금은 실명의 개인으로 인터넷뱅킹, 스마트뱅킹 또는 우체국 창구를 통해 가입하고 별도의 통장 발행 없이 전자금융 채널(인터넷뱅킹, 스마트뱅킹, 폰뱅킹, 자동화기기)을 통해 거래하는 입출금이 자유로운 예금이다.
08 × 우체국 행복지킴이통장은 국가에서 지급하는 각종 복지급여 수급자로 압류방지 전용통장에 해당한다.
09 ○
10 ○
11 × 우체국 생활든든통장의 가입대상은 50세 이상 실명의 개인이다.
12 × 우체국 페이든든+ 통장은 실명의 개인으로 가입하는 개인통장과 개인사업자, 법인으로 가입하는 사업자 통장으로 구분한다.
13 ○
14 ○
15 × 챔피언 정기예금은 우체국 창구를 통해 가입하는 경우 가입대상에 제한이 없고, 인터넷뱅킹 · 스마트뱅킹을 통해 가입 경우에는 실명의 개인이다.

16 챔피언 정기예금은 가입기간(연, 월, 일 단위 가입) 및 이자지급방식(만기일시지급식, 월이자지급식)을 자유롭게 선택할 수 있는 고객 맞춤형 정기예금이다. (　　)

17 이웃사랑 정기예금은 국민기초생활수급자, 장애인 등은 포함되지만 농어촌 지역(읍 · 면 단위 지역 거주자) 주민은 대상에서 제외된다. (　　)

18 우체국 퇴직연금 정기예금은 모든 우체국에서 취급이 가능한 상품이다. (　　)

19 e-Postbank 정기예금의 가입대상은 실명의 개인이며 인터넷뱅킹, 스마트뱅킹으로 가입이 가능한 온라인 전용상품이다. (　　)

20 $2040^{+\alpha}$ 정기예금은 20 ~ 40대 직장인과 법인 등의 안정적 자금운용을 위해 급여이체 실적, 체크카드 이용실적, 우체국예금, 보험, 우편 우수고객 등 일정 조건에 해당하는 경우 우대금리를 제공하는 정기예금이다. (　　)

21 우체국 ISA(개인종합자산관리계좌) 정기예금은 「우체국 예금에 관한 법률」에서 정한 개인종합자산관리계좌(ISA; Individual Savings Account)판매자격을 갖춘 신탁업자 및 금융투자업자 등 ISA 취급 금융기관을 대상으로 ISA 편입자산을 운용하기 위한 전용 정기예금이다. (　　)

22 우체국 소상공인 정기예금은 노란우산 가입, 우체국 수시입출식 예금 실적에 따라 우대금리를 제공하는 서민자산 형성 지원을 위한 공익형 정기예금이다. (　　)

23 우체국 파트너든든 정기예금은 회전주기(1개월, 3개월, 6개월) 적용을 통해 고객의 탄력적인 목돈운용이 가능하다. (　　)

24 우체국 편리한 e정기예금의 가입대상은 실명의 개인과 법인이다. (　　)

25 시니어 싱글벙글 정기예금은 여유자금 추가입금과 긴급자금 분할해지가 가능한 정기예금으로 60세 이상 중년층 고객을 위한 우대금리 및 세무, 보험 등 부가서비스를 제공한다. (　　)

26 초록별 사랑 정기예금은 종이통장 미발행, 친환경 활동 및 기부 참여 시 우대혜택을 제공하는 ESG 연계 정기예금이다. (　　)

27 우체국 새출발 자유적금에서 새출발 희망 대상자에 해당하는 사람은 기초생활수급자, 장애인연금수급자, 입양자, 다자녀 가정 등이 있다. (　　)

28 우체국 다드림적금은 주거래 고객 확보 및 혜택 제공을 목적으로 각종 이체 실적보유 고객, 장기거래 등 주거래 이용 실적이 많을수록 우대 혜택이 커지는 적립식 예금이다. ( )

29 우체국 아이 LOVE 적금은 가입 고객을 대상으로 우체국 주니어보험 무료가입, 캐릭터통장 및 통장명 자유선정, 자동 재예치 서비스 등의 부가서비스를 제공한다. ( )

30 우체국 마미든든 적금은 일하는 기혼 여성 및 다자녀 가정 등 워킹맘을 우대하는 적금이다. ( )

31 우체국 가치모아 적금은 여행자금, 모임회비 등 목돈 마련을 위해 여럿이 함께 저축할수록 우대 혜택이 커지고 다양한 우대 서비스를 제공하는 적립식 예금이다. ( )

32 우체국 장병 내일준비적금의 저축한도는 매월 20만 원 범위 내에서 적립 가능하며, 「장병내일준비적금」 상품을 판매하는 모든 취급기관을 합산하여 고객의 최대 저축 한도는 월 45만 원까지 가능하다. ( )

정답 및 해설

16 ○

17 × 이웃사랑 정기예금은 국민기초생활수급자, 장애인, 한부모가족, 소년소녀가정, 조손가정, 다문화가정 등 사회소외계층과 장기기증희망등록자, 골수기증희망등록자, 헌혈자, 입양자 등 사랑나눔 실천자 및 농어촌 지역(읍·면단위 지역 거주자) 주민의 경제생활 지원을 위한 공익형 정기예금이다.

18 × 우체국 퇴직연금 정기예금은 우정사업본부와 퇴직연금사업자의 사전 협약에 의해 가입이 가능하며, 우정사업본부가 정한 우체국에 한해 취급이 가능한 상품이다.

19 ○

20 ○

21 × 우체국 ISA(개인종합자산관리계좌) 정기예금은 「조세특례제한법」에서 정한 개인종합자산관리계좌(ISA; Individual Savings Account)판매자격을 갖춘 신탁업자 및 금융투자업자 등 ISA 취급 금융기관을 대상으로 ISA 편입자산을 운용하기 위한 전용 정기예금이다.

22 ○

23 ○

24 × 우체국 편리한 e정기예금의 가입대상은 실명의 개인이다.

25 × 시니어 싱글벙글 정기예금은 여유자금 추가입금과 긴급자금 분할해지가 가능한 정기예금으로 50세 이상 중년층 고객을 위한 우대금리 및 세무, 보험 등 부가서비스를 제공한다.

26 ○

27 × 입양자, 다자녀 가정은 새출발 행복 대상자이다.

28 ○

29 ○

30 ○

31 ○

32 × 우체국 장병 내일준비적금의 저축한도는 매월 30만 원 범위 내에서 적립 가능하며, 「장병내일준비적금」 상품을 판매하는 모든 취급기관을 합산하여 고객의 최대 저축 한도는 월 55만 원까지 가능하다.

33 우체국 가치모아 적금은 실명의 개인이 매일 저축(자동이체) 및 매주 알림저축 서비스를 통해 소액으로 쉽고 편리하게 목돈 모으기가 가능한 디지털전용 적립식 예금이다. ( )

34 달달하이(high) 적금은 1개월 또는 2개월의 초단기로 가입하며 단기간의 소액이지만 높은 금리를 제공하는 스마트뱅킹 전용 적립식 예금이다. ( )

35 공익형 금융상품은 수시입출금식 6종, 적립식예금 2종, 거치식 예금 2종이 있다. ( )

topic 21 카드상품(체크카드)

36 카드 발급대상은 개인은 일반 체크카드인 경우 12세 이상, 하이브리드 카드인 경우 18세 이상이다. ( )

37 하이브리드 카드의 최대한도는 30만 원이다. ( )

38 가족카드는 본인이 발급한 카드에 가족이 추가 발급하는 카드로 가족카드의 이용에 관한 모든 책임은 본인회원이 부담한다. ( )

39 우체국 체크카드 결제계좌는 우체국이 아닌 시중은행을 사용할 수 있다. ( )

40 12 ~ 13세의 체크카드 기본 사용한도는 일 3만 원 월 30만 원이며 14세가 되는 시점에 자동상향된다. ( )

41 법인의 최대 한도는 일 1억 원 월 3억 원이다. ( )

42 우체국 다드림 체크카드는 의료 특화 카드로 병의원 · 약국 · 학원 · 대형마트 · 문화 10%, 우체국 최대 12% 캐시백 및 그린서비스를 제공한다. ( )

43 우체국 국민행복 체크카드는 정부에서 지원하는 다양한 국가바우처를 한 장의 카드로 이용 가능한 상품이다. ( )

44 우체국 우리동네^{plus} 체크카드는 지역별 특성을 고려하여 특화 서비스를 제공하는 상품이다. ( )

45 우체국 후불 하이패스 카드의 한도는 하이브리드카드 신용한도에 합산되지 않는다. (　　)

46 우체국 어디서나 체크카드는 실생활 주요 소비업종에서 캐시백 및 우체국 포인트를 제공하는 상품이다. (　　)

47 우체국 라이프$^{+}$플러스 체크카드는 액티브 시니어 대상 행복한 라이프를 위한 카드이다. (　　)

48 우체국 go캐시백글로벌 체크카드는 폐플라스틱을 재활용한 친환경카드로 MZ고객 니즈를 반영한 상품이다. (　　)

49 우체국 개이득 체크카드는 중장년 세대의 Bravo Life를 위한 카드이다. (　　)

정답 및 해설

33 × 우체국 매일모아 e적금은 실명의 개인으로 매일 저축(자동이체) 및 매주 알림저축 서비스를 통해 소액으로 쉽고 편리하게 목돈 모으기가 가능한 디지털전용 적립식 예금이다.
34 ○
35 ○
36 ○
37 × 하이브리드 카드의 최대한도는 30만 원이다.
38 ○
39 × 우체국 체크카드 결제계좌는 현재 우체국 요구불 예금으로 지정하도록 되어있다.
40 × 12 ~ 13세의 체크카드 사용한도는 일 3만 원 월 30만 원이며 14세가 되는 시점에 자동상향되지 않으며, 한도상향신청이 있어야 가능하다.
41 ○
42 × 우체국 행복한 체크카드는 의료 특화 카드로 병의원 · 약국 · 학원 · 대형마트 · 문화 10%, 우체국 최대 12% 캐시백 및 그린서비스를 제공한다. 우체국 다드림 체크카드는 포인트 적립 카드로 전 가맹점 0.3%, 우체국 5%, 알뜰폰 통신료 10% 우체국 포인트를 제공한다.
43 ○
44 ○
45 × 우체국 후불 하이패스 카드의 한도는 하이브리드카드 신용한도에 합산되고, 이용대금은 하이브리드카드 신용결제 대금 청구 시 함께 청구된다.
46 ○
47 ○
48 × 우체국 영리한PLUS 체크카드는 폐플라스틱을 재활용한 친환경카드로 MZ고객 니즈를 반영한 상품이다. 우체국 go캐시백글로벌 체크카드는 해외 및 온라인 소비에 특화된 카드이다.
49 × 우체국 브라보 체크카드는 중장년 세대의 Bravo Life를 위한 카드이다. 우체국 개이득 체크카드는 혜택이 펼쳐지는(開:펼쳐질 개) 디자인이 예쁜 세로형 카드이다.

50 우체국 동행 카드는 중증장애인 근로자 대상 출퇴근 비용을 지원하는 상품이다. ( )

51 우체국 BizFit 체크카드(개인)는 개인사업자 및 소상공인 대상 사업에 적합한(Fit) 서비스를 제공하는 상품으로 개인도 발급 가능하다. ( )

52 우체국 성공파트너 체크카드는 법인 전용 상품이다. ( )

53 우체국 Biz플러스는 개인사업자 및 소상공인 대상 맞춤형 상품이다. ( )

54 우체국 BizFit 체크카드(개인사업자)는 캐시백형, 캐시백 미제공형 중 선택 가능하다. ( )

55 위탁업체를 통하여 후 발급 받은 경우에는 카드 수령 후 회원 본인이 우체국 창구 방문, 인터넷뱅킹, 스마트뱅킹, ARS를 통하여 사용 등록하여야 효력이 발생한다. ( )

56 하이브리드카드는 18세 이상 발급이 가능하나 18세는 후불교통 기능만 사용할 수 있고, 20세부터 신용 결제가 가능하다. ( )

57 현재 우체국 체크카드 중 해외결제가 가능한 상품은 총 17종(판매상품 기준)이며, 브랜드는 VISA, Mastercard이다. ( )

58 빠른등록 서비스는 이용 대상은 개인 체크카드(후불하이패스 포함) 신규발급 · 재발급 · 갱신발급 고객이다. ( )

59 아파트관리비 자동납부 서비스는 우체국 체크카드 개인형 상품에 한하여 신청 가능하고 법인카드, 후불 하이패스, e-나라도움, 국민행복바우처 전용카드는 신청이 불가능하다. ( )

정답 및 해설

50 ○
51 ○
52 × 우체국 성공파트너 체크카드는 개인, 법인이 발급 가능한 상품이다.
53 ○
54 ○
55 ○
56 × 하이브리드카드는 18세 이상 발급이 가능하나 18세는 후불교통 기능만 사용할 수 있고, 19세부터 신용 결제가 가능하다.
57 ○
58 × 빠른등록 서비스는 이용 대상은 개인 체크카드(후불하이패스 제외) 신규발급 · 재발급 · 갱신 발급 고객이다.
59 ○

Step 02 객관식으로 실전연습

01 우체국 예금거래 기본약관에 대한 설명으로 옳지 않은 것은?

① 우체국은 예금종류별 이율표를 창구 또는 인터넷 홈페이지에 비치 · 게시하고, 이율을 바꾼 때는 그 바꾼 내용을 창구 또는 인터넷 홈페이지에 3개월 동안 게시한다.
② 우체국이 약관을 변경할 때에는 변경약관 시행일 1개월 전에 그 내용을 우체국과 인터넷 홈페이지에 게시하여 예금주에 알린다.
③ 법령의 개정이나 제도의 개선 등으로 긴급히 약관을 변경할 때에는 즉시 이를 게시 또는 공고하여야 한다.
④ 예금이율을 변경한 때에 거치식 · 적립식예금은 계약당시의 이율을 적용하되, 변동금리가 적용되는 예금은 금리를 변경한 날로부터 변경이율을 적용한다.

02 〈보기〉에서 압류방지 전용통장에 해당하는 것은?

보기
ㄱ. 우체국 행복지킴이통장
ㄴ. 우체국 국민연금 안심통장
ㄷ. 우체국 하도급지킴이통장
ㄹ. 우체국 다드림통장

① ㄱ, ㄴ
② ㄱ, ㄷ
③ ㄴ, ㄹ
④ ㄷ, ㄹ

정답 및 해설

01 ① 우체국은 예금종류별 이율표를 창구 또는 인터넷 홈페이지에 비치 · 게시하고, 이율을 바꾼 때는 그 바꾼 내용을 창구 또는 인터넷 홈페이지에 1개월 동안 게시한다.

02 ① ㄱ. 우체국 행복지킴이통장은 국가에서 지급하는 각종 복지급여 수급자의 보호를 위해 「압류방지 전용 통장」이다.
ㄴ. 우체국 국민연금 안심통장의 가입대상은 실명의 개인이며 국민연금 수급권자의 연금수급 권리를 보호하기 위한 「압류방지 전용 통장」이다.

03 우체국 예금상품에 대한 설명으로 옳지 않은 것은?

① 우체국 하도급지킴이통장의 예금 출금은 '정부계약 하도급관리시스템'의 이체요청을 통해서만 가능하며 우체국 창구, 전자금융, 자동화기기 등을 통한 출금은 불가하다.
② 우체국 다드림통장은 다드림통장 패키지 구분별로 우체국에서 정하는 대상자로 구분한다.
③ 호국보훈지킴이통장은 「압류방지 전용 통장」이다.
④ 우체국 생활든든통장은 65세 이상 고객의 기초연금, 급여, 용돈 수령 및 체크카드 이용 시 금융 수수료 면제, 우체국 보험료 자동이체 또는 공과금 자동이체 시 캐시백, 창구소포 할인 쿠폰 등 다양한 서비스를 제공하는 시니어 특화 입출금이 자유로운 예금이다.

04 〈보기〉에서 우체국 예금상품에 대한 설명으로 옳은 것을 모두 고른 것은?

보기
ㄱ. e-Postbank 예금은 우체국예금 모바일 어플리케이션인 '우체국페이' 이용 실적 등에 따라 우대혜택을 제공하는 통장이다.
ㄴ. 우체국 정부보관금 통장은 정부보관금의 효율적인 자금관리를 위한 전용통장이다.
ㄷ. 우체국 청년미래든든통장의 가입대상은 20세 이상 ~ 35세 이하 실명의 개인이다.
ㄹ. 우체국 건설하나로 통장의 가입대상은 자격확인 증빙서류를 통해 건설업 종사자임을 확인할 수 있는 실명의 개인 또는 개인사업자이다.

① ㄱ, ㄴ
② ㄱ, ㄷ
③ ㄴ, ㄹ
④ ㄷ, ㄹ

05 우체국 예금상품에 대한 설명으로 옳지 않은 것은?

① 챔피언 정기예금의 가입대상은 인터넷뱅킹 · 스마트뱅킹을 통해 가입 경우에는 실명의 개인이다.
② 이웃사랑 정기예금은 국민기초생활수급자, 장애인, 한부모가족, 농어촌 지역(읍 · 면 단위 지역 거주자) 주민의 경제생활 지원 등을 위한 공익형 정기예금이다.
③ 우체국 퇴직연금 정기예금은 우정사업본부와 퇴직연금사업자의 사전 협약에 의해 가입이 가능하며, 모든 우체국에서 취급하는 상품이다.
④ e-Postbank 정기예금은 실명의 개인이며 인터넷뱅킹, 스마트뱅킹으로 가입이 가능한 온라인 전용상품이다.

06 〈보기〉에서 우체국 예금에 대한 설명으로 옳은 것을 모두 고른 것은?

보기

ㄱ. 2040$^{+\alpha}$정기예금의 가입대상은 우체국 창구를 통해 가입하는 경우 실명의 개인, 개인사업자, 단체, 법인(금융기관 제외)이고, 인터넷뱅킹 · 스마트뱅킹을 통해 가입 경우에는 실명의 개인이다.
ㄴ. 우체국 소상공인 정기예금은 실명의 개인 또는 개인사업자인 소상공인 · 소기업 대표자 및 임직원이 가입 가능하다.
ㄷ. 우체국 편리한 e정기예금은 보너스입금, 비상금 출금, 자동 재예치, 만기 자동해지 서비스로 편리한 목돈 활용이 가능한 온 & 오프라인 모두 사용 가능한 정기예금이다.
ㄹ. 초록별 사랑 정기예금은 종이통장 미발행, 친환경 활동 및 기부 참여 시 우대혜택을 제공하는 ESG 연계 정기예금이다.

① ㄱ, ㄴ
② ㄱ, ㄹ
③ ㄴ, ㄹ
④ ㄷ, ㄹ

07 우체국 새출발 자유적금에 새출발 행복 대상자가 아닌 사람은?

① 장기 · 골수기증자
② 기초생활수급자
③ 근로장려금수급자
④ 한부모가족보호 대상자

정답 및 해설

03 ④ 우체국 생활든든통장은 50세 이상 고객의 기초연금, 급여, 용돈 수령 및 체크카드 이용 시 금융 수수료 면제, 우체국 보험료 자동이체 또는 공과금 자동이체 시 캐시백, 창구소포 할인쿠폰 등 다양한 서비스를 제공하는 시니어 특화 입출금이 자유로운 예금이다.

04 ③ ㄱ. 우체국 페이든든+ 통장은 우체국예금 모바일 어플리케이션인 '우체국페이' 이용 실적 등에 따라 우대혜택을 제공하는 통장이다.
ㄷ. 우체국 청년미래든든통장의 가입대상은 18세 이상 ~ 35세 이하 실명의 개인이다.

05 ③ 우체국 퇴직연금 정기예금은 우정사업본부와 퇴직연금사업자의 사전 협약에 의해 가입이 가능하며, 우정사업본부가 정한 우체국에 한해 취급이 가능한 상품이다.

06 ② ㄴ. 우체국 소상공인 정기예금은 실명의 개인 또는 개인사업자인 소상공인 · 소기업 대표자가 가입 가능하다.
ㄷ. 우체국 편리한 e정기예금은 보너스입금, 비상금 출금, 자동 재예치, 만기 자동해지 서비스로 편리한 목돈 활용이 가능한 디지털전용 정기예금이다.

07 ① 헌혈자, 입양자, 장기 · 골수기증자는 새출발 행복 대상자이다.

08 〈보기〉에서 우체국 예금에 대한 설명으로 옳은 것을 모두 고른 것은?

보기

ㄱ. 우체국 매일모아 e적금은 실명의 개인이 여행자금, 모임회비 등 목돈 마련을 위해 여럿이 함께 저축할수록 우대혜택이 커지고 다양한 우대 서비스를 제공하는 적립식 예금이다.
ㄴ. 우체국 마미든든 적금은 어린이 · 청소년의 목돈 마련을 위해 사회소외계층, 단체가입, 가족 거래 실적 등에 따라 우대금리를 제공하는 적립식 예금이다.
ㄷ. 달달하이(high) 적금은 1개월 또는 2개월의 초단기로 가입하며 단기간의 소액이지만 높은 금리를 제공하는 스마트뱅킹 전용 적립식 예금이다.
ㄹ. 우체국 럭키 BC바로적금은 우체국 예금 거래실적에 따라 상품 우대이율을 제공하고 BC바로카드 제휴이벤트 이용 조건에 따라 BC바로카드 '특별리워드' 혜택을 제공하는 적립식 예금이다.

① ㄱ, ㄴ
② ㄱ, ㄷ
③ ㄴ, ㄹ
④ ㄷ, ㄹ

09 다음 중 공익형 금융상품이 아닌 것은?

① 시니어 싱글벙글 정기예금
② 청년미래 든든통장
③ 새출발 자유적금
④ 이웃사랑 정기예금

10 〈보기〉에서 「우체국 예금거래 기본약관」에 대한 설명으로 옳은 것의 총 개수는? 24. 계리직

보기

ㄱ. 이 약관은 국민의 저축 의욕을 북돋우고 국민 경제생활의 안정과 공공복리의 증진에 이바지함을 목적으로 한다.
ㄴ. 예금이율을 변경할 때에는 예금이율 변경시행일 1개월 전에 그 내용을 우체국과 인터넷 홈페이지에 게시하여야 한다.
ㄷ. 법령의 개정이나 제도의 개선 등으로 긴급히 약관을 변경할 때에는 즉시 이를 게시 또는 공고하여야 한다.
ㄹ. 예금이율을 변경한 때에 거치식 · 적립식예금은 계약당시의 이율을 적용하되, 변동금리가 적용되는 예금은 금리를 변경한 다음 날로부터 변경이율을 적용한다.

① 1개
② 2개
③ 3개
④ 4개

11 **우체국 적립식 예금에 대한 설명으로 옳지 않은 것은?** 24. 계리직

① 달달하이(high) 적금은 1개월 또는 2개월의 초단기로 가입하는 스마트뱅킹전용 적립식 예금으로 가입대상은 실명의 개인이다.

② 우체국 마미든든 적금은 우체국 수시입출식 예금에서 월 30만 원 이상 이 적금으로 자동이체약정을 할 경우, 부가서비스로 우체국 쇼핑 할인쿠폰을 제공한다.

③ 우체국 아이LOVE적금은 가입 고객을 대상으로 우체국 주니어보험 무료가입, 통장명 자유선정, 자동 재예치 등의 부가서비스를 제공한다.

④ $2040^{+\alpha}$ 자유적금은 여행 자금, 모임회비 등 목돈 마련을 위해 여럿이 함께 자유롭게 저축할수록 다양한 우대 서비스를 제공하는 적립식 예금이다.

정답 및 해설

08 ④ ㄱ. 우체국 가치모아 적금은 실명의 개인이 여행자금, 모임회비 등 목돈 마련을 위해 여럿이 함께 저축할수록 우대혜택이 커지고 다양한 우대 서비스를 제공하는 적립식 예금이다.
ㄴ. 우체국 아이LOVE 적금은 어린이·청소년의 목돈 마련을 위해 사회소외계층, 단체가입, 가족 거래 실적 등에 따라 우대금리를 제공하는 적립식 예금이다.

09 ①

구분	수시입출식 예금(6종)	적립식 예금(2종)	거치식 예금(2종)
10종	행복지킴이통장, 국민연금안심통장, 공무원연금평생안심통장, 호국보훈지킴이통장, 청년미래든든통장, 건설하나로통장	새출발자유적금, 장병내일준비적금	이웃사랑정기예금, 소상공인정기예금

10 ① ㄱ. 약관개별계약을 하기에 번거로운 것을 일반화시켜 정한 것이다. 지문의 내용과는 관련이 없다.
ㄴ. 예금이율을 변경할 때에는 예금이율 변경시행일 1개월 동안 그 내용을 우체국과 인터넷 홈페이지에 게시하여야 한다.
ㄹ. 예금이율을 변경한 때에 거치식·적립식예금은 계약당시의 이율을 적용하되, 변동금리가 적용되는 예금은 금리를 변경한 날로부터 변경이율을 적용한다.

11 ④ 해당 적금은 우체국 가치모아 적금이다. $2040^{+\alpha}$ 자유적금은 20 ~ 40대 직장인과 카드가맹점, 법인 등의 자유로운 목돈 마련을 위해 급여이체 실적, 카드 가맹점 결제계좌이용, 적금 자동이체 실적 등의 조건에 해당하는 경우 우대금리를 제공하는 적립식 예금이다.

12 〈보기〉에서 우체국 예금상품에 대한 설명으로 옳은 것을 모두 고른 것은? 24. 계리직

보기

ㄱ. 저축예금은 개인과 법인 고객을 대상으로 하는 입출금이 자유로운 예금이다.
ㄴ. 듬뿍우대저축예금은 개인 고객을 대상으로 예치 금액별로 차등 금리를 적용하는 개인 MMDA 상품이다.
ㄷ. 우체국 청년미래든든통장은 가입대상이 18세부터 30세까지 실명의 개인이며 대학생 · 사회초년생 등에게 다양한 혜택을 제공한다.
ㄹ. 우체국 생활든든통장은 가입대상이 50세 이상 실명의 개인이며 시니어 특화예금이다.

① ㄱ, ㄴ ② ㄱ, ㄷ
③ ㄴ, ㄹ ④ ㄷ, ㄹ

13 우체국 공익형 예금상품에 대한 설명으로 옳지 않은 것은? 24. 계리직

① 우체국 새출발 자유적금의 새출발 행복 패키지는 기초 생활수급자, 근로장려금수급자, 장애수당수급자에게 우대금리를 제공하는 공익형 적립식 예금이다.
② 우체국 국민연금안심통장은 가입대상이 실명의 개인이며 국민연금 수급권자의 연금수급 권리를 보호하기 위한 압류 방지 전용 통장이다.
③ 우체국 건설하나로통장의 가입대상은 자격 확인 증빙 서류를 통해 건설업 종사자임을 알 수 있는 실명의 개인 또는 개인사업자이다.
④ 우체국 장병내일준비적금은 국군 병사의 군 복무 중 목돈 마련을 지원하고 금융 실적에 따라 우대금리를 제공하는 적립식 예금이다.

14 〈보기〉에서 설명하는 우체국 거치식예금을 바르게 짝지은 것은? 24. 계리직

보기

(가) 가입기간(연, 월, 일 단위) 및 이자 지급방식(만기일시지급식, 월이자지급식)을 자유롭게 선택할 수 있는 고객맞춤형 정기예금이다.
(나) 가입대상은 실명의 개인으로 인터넷뱅킹, 스마트뱅킹을 통해 가입이 가능한 온라인 전용 상품이며 온라인 예 · 적금 가입, 자동이체 약정, 체크카드 이용 실적에 따라 우대금리를 제공하는 정기 예금이다.

	(가)	(나)
①	이웃사랑정기예금	e-Postbank 정기예금
②	이웃사랑정기예금	우체국 편리한 e정기예금
③	챔피언정기예금	e-Postbank 정기예금
④	챔피언정기예금	우체국 편리한 e정기예금

15 **우체국예금 상품에 대한 설명으로 옳은 것은?** 23. 계리직

① 우체국 생활든든통장은 산업재해 보험급여 수급권자의 보험급여에 한해 입금이 가능한 수시입출식 예금이다.

② 우체국 가치모아적금은 예금주에게 매주 알림저축 서비스를 통해 편리하게 목돈 모으기가 가능한 적립식 예금이다.

③ 이웃사랑정기예금은 종이통장 미발행, 친환경 활동 및 기부 참여 시 우대혜택을 제공하는 ESG 연계 정기예금이다.

④ 우체국 편리한 e정기예금은 보너스 입금, 비상금 출금, 자동재예치, 만기 자동해지 서비스로 편리한 목돈 활용이 가능한 디지털전용 정기예금이다.

정답 및 해설

12 ③ ㄱ. 저축예금은 개인고객을 대상으로 하는 입출금이 자유로운 예금이다. 법인은 가입할 수 없다.
ㄷ. 우체국 청년미래든든통장은 가입대상이 18세부터 35세 이하 실명의 개인이며 대학생·사회초년생 등에게 다양한 혜택을 제공한다.

13 ① 우체국 새출발 희망 적금의 새출발 행복 패키지는 기초 생활수급자, 근로장려금수급자, 장애수당수급자에게 우대금리를 제공하는 공익형 적립식 예금이다.

패키지 구분	새출발 희망	새출발 행복
가입대상자	기초생활수급자, 근로장려금수급자, 장애인연금·장애수당·장애아동수당수급자, 한부모가족지원보호대상자, 소년소녀가장, 북한이탈주민, 결혼이민자	헌혈자, 입양자, 장기·골수기증자, 다자녀가정, 부모봉양자, 농어촌 읍면단위 거주자, 개인신용평점 상위 92% 초과 개인, 협동조합종사자, 소상공인

14 ③ 이웃사랑 정기예금 : 국민기초생활수급자, 장애인, 한부모가족, 소년소녀가정, 조손가정, 다문화가정 등 사회 소외계층과 장기기증희망등록자, 골수기증희망등록자, 헌혈자, 입양자 등 사랑나눔 실천자 및 농어촌 지역(읍·면 단위 지역 거주자) 주민의 경제생활 지원을 위한 공익형 정기예금이다.
우체국 편안한 e정기예금 : 보너스입금, 비상금 출금, 자동 재예치, 만기 자동해지서비스로 편리한 목돈 활용이 가능한 디지털전용 정기예금이다.

15 ④

오답체크

① 우체국 희망지킴이통장. 우체국 생활든든통장은 만 50세 이상 고객의 기초연금, 급여, 용돈 수령 및 체크카드 이용 시 금융수수료 면제, 우체국 보험료 자동이체 또는 공과금 자동이체 시 캐시백, 창구소포 할인쿠폰 등 다양한 서비스를 제공하는 시니어 특화 입출금이 자유로운 예금이다.
② 우체국 매일모아 e적금이다. 우체국 가치모아적금은 여행자금, 모임회비 등 목돈 마련을 위해 여럿이 함께 저축할수록 우대혜택이 커지고 다양한 우대 서비스를 제공하는 적립식 예금이다.
③ 초록별 사랑 정기예금이다. 이웃사랑정기예금은 국민기초생활수급자, 장애인, 한부모가족, 소년소녀가정, 조손가정, 다문화가정 등 사회 소외계층과 장기기증희망등록자, 골수기증희망등록자, 헌혈자, 입양자 등 사랑나눔실천자 및 농어촌 지역(읍·면 단위 지역 거주자) 주민의 경제생활 지원을 위한 공익형 정기예금이다.

16 **우체국 체크카드 사용한도에 대한 내용이다. 〈보기〉의 ( )에 들어갈 내용을 바르게 짝지은 것은?**

보기

(가) 12세 ~ 13세의 일 최대한도는 3만 원 월( )이다.
(나) 14세 이상의 일 최대한도는 ( )이다.
(다) 법인의 일 최대한도는 ( )이다.

	(가)	(나)	(다)
①	10만 원	5천만 원	1억 원
②	20만 원	1억 원	1억 원
③	30만 원	5천만 원	3억 원
④	30만 원	1억 원	3억 원

17 **〈보기〉에서 우체국 체크카드에 대한 설명으로 옳은 것을 모두 고른 것은?**

보기

ㄱ. 우체국 다드림 체크카드는 의료 특화 카드로 병의원 · 약국 · 학원 · 대형마트 · 문화 10%, 우체국 최대 12% 캐시백 및 그린서비스를 제공한다.
ㄴ. 우체국 국민행복 체크카드는 정부에서 지원하는 다양한 국가바우처를 한 장의 카드로 이용 가능한 상품이다.
ㄷ. 우체국 후불 하이패스 카드의 한도는 하이브리드카드 신용한도에 합산되지 않는다.
ㄹ. 우체국 우리동네*plus* 체크카드는 지역별 특성을 고려하여 특화 서비스를 제공하는 상품이다.

① ㄱ, ㄴ
② ㄱ, ㄷ
③ ㄴ, ㄹ
④ ㄷ, ㄹ

18 **우체국 체크카드에 대한 설명으로 옳지 않은 것은?**

① 우체국 어디서나 체크카드는 실생활 주요 소비업종에서 캐시백 및 우체국 포인트를 제공하는 상품이다.
② 우체국 영리한 PLUS 체크카드는 폐플라스틱을 재활용한 친환경카드로 MZ고객 니즈를 반영한 상품이다.
③ 우체국 동행 카드는 소상공인을 돕기위한 공익형 상품이다.
④ 우체국 BizFit 체크카드(개인)는 개인사업자 및 소상공인 대상 사업에 적합한(Fit) 서비스를 제공하는 상품으로 개인도 발급 가능하다.

19 〈보기〉에서 해외원화결제(DCC) 차단 서비스가 기본으로 설정되어 있는 카드를 모두 고르시오.

보기
ㄱ. 우체국 브라보 체크카드
ㄴ. 우체국 BizFit 체크카드
ㄷ. 우체국 공무원연금복지 체크카드
ㄹ. 우체국 go캐시백글로벌 체크카드

① ㄱ, ㄴ, ㄷ
② ㄱ, ㄴ, ㄷ
③ ㄱ, ㄴ, ㄹ
④ ㄴ, ㄷ, ㄹ

20 카드서비스에 대한 설명으로 옳지 않은 것은?

① 하이브리드 카드는 우체국 체크카드에 소액신용 기능이 결합된 카드로 체크카드 연결 계좌의 잔액이 부족할 경우 일정 한도(월 30만 원) 내에서 신용카드처럼 사용할 수 있다.
② 2025년 기준 우체국 체크카드 중 해외결제가 가능한 상품은 총 17종(판매상품 기준)이며, 브랜드는 VISA, Mastercard이다.
③ 우체국 브라보 체크카드, 우체국 BizFit 체크카드, 우체국 공무원연금복지 체크카드는 해외원화결제(DCC) 차단 서비스가 기본으로 설정 되어있다.
④ 아파트관리비 자동납부 서비스는 우체국 체크카드 개인형 상품과 법인카드 모두 신청이 가능하다.

정답 및 해설

16 ③

구분		기본 한도		최대한도	
		일한도	월한도	일한도	월한도
개인	12세 이상	3만 원	30만 원	3만 원	30만 원
	14세 이상	6백만 원	2천만 원	5천만 원	5천만 원
법인		6백만 원	2천만 원	1억 원	3억 원

※ 미성년자(12세~13세)는 14세 이상이 되는 시점에 자동으로 한도가 상향되지 않으며, 우체국 창구, 인터넷뱅킹, 스마트뱅킹을 통하여 한도 상향 신청 필요

17 ③ ㄱ. 우체국 행복한 체크카드는 의료 특화 카드로 병의원 · 약국 · 학원 · 대형마트 · 문화 10%, 우체국 최대 12% 캐시백 및 그린서비스를 제공한다.
ㄷ. 우체국 후불 하이패스 카드의 한도는 하이브리드카드 신용한도에 합산되고, 이용대금은 하이브리드카드 신용결제 대금 청구 시 함께 청구된다.

18 ③ 우체국 동행 카드는 중증장애인 근로자 대상 출퇴근 비용을 지원하는 상품이다.

19 ① 우체국 go캐시백글로벌 체크카드는 해외 및 온라인 소비에 특화된 카드이다.

20 ④ 아파트관리비 자동납부 서비스는 우체국 체크카드 개인형 상품에 한하여 신청 가능하고 법인카드, 후불 하이패스, e-나라도움, 국민행복바우처 전용카드는 신청이 불가능하다.

21 **우체국 체크카드에 대한 설명으로 옳은 것은?** 24. 계리직

① 법인용 체크카드의 기본 사용한도는 일 1천만 원, 월 2천만 원이며, 최대 사용한도는 일 5천만 원, 월 3억 원이다.
② 법인용 체크카드의 발급대상은 일반법인, 개인사업자, 고유번호 또는 납세번호가 있는 단체(임의단체)이다.
③ 개이득 체크카드는 음식점・대형마트 5%, 약국・골프 10%, 영화・숙박 15% 할인 등 생활형 실속 혜택을 제공한다.
④ 행복한 체크카드는 환경부 인증 친환경 카드로 디지털 콘텐츠 서비스 이용 시 최대 20% 캐시백 제공 등 다양한 혜택이 있다.

22 **우체국 체크카드에 대한 설명으로 옳은 것은?** 23. 계리직

① 법인용 체크카드의 현금 입출금 기능은 법인, 임의단체에 한하여 선택 가능하다.
② 개인 체크카드 발급대상은 우체국 거치식예금 통장을 보유한 만 12세 이상의 개인이다.
③ 위탁업체를 통하여 발급받은 경우, 고객이 카드 수령 후 우체국을 직접 방문하여 사용 등록하여야만 효력이 발생한다.
④ 우체국 체크카드는 일반적인 직불 전자지급 수단에 의한 지불결제, 현금카드 기능 외에도 상품별 특성에 따라 다양한 기능 추가 및 발급 형태의 선택이 가능하다.

23 **〈보기〉에서 체크카드에 대한 설명으로 옳은 것을 모두 고른 것은?** 22. 계리직

보기

ㄱ. 우체국 법인용 체크카드에는 지역화폐카드, Biz플러스 등이 있다.
ㄴ. 우체국 체크카드의 발급대상은 개인카드의 경우 우체국 수시입출식통장을 보유한 만 12세 이상의 개인이다.
ㄷ. 고객의 신용등급에 따라 소액의 신용공여가 부여된 하이브리드형 카드를 발급받아 이용할 수 있다.
ㄹ. 증권사나 종합금융회사의 MMF를 결제계좌로 하는 체크카드도 발급이 가능하다.

① ㄱ, ㄴ
② ㄱ, ㄹ
③ ㄴ, ㄷ
④ ㄷ, ㄹ

24 다음은 우체국 카드에 대한 설명이다. 옳은 것을 모두 고르시오.

보기

ㄱ. 우체국 체크카드는 회원이 가입신청서를 작성하여 카드 발급을 요청하면 우체국에서 이를 심사하여 금융단말기에 등록하고, 카드를 교부함으로써 효력이 발생한다.
ㄴ. 위탁업체를 통하여 후 발급 받은 경우에는 카드 수령 후 회원 본인이 우체국 창구 방문, 인터넷뱅킹, 스마트뱅킹, ARS를 통하여 사용 등록하여야 효력이 발생한다.
ㄷ. 회원 본인의 사망하는 경우가 아닌 피한정후견인으로 우체국에 신고 등록되더라도 효력이 유지된다.
ㄹ. 하이브리드카드는 18세 이상 발급이 가능하고 발급시부터 신용 결제가 가능하다.

① ㄱ, ㄴ
② ㄱ, ㄷ
③ ㄴ, ㄹ
④ ㄷ, ㄹ

정답 및 해설

21 ②

오답체크

① 법인용 체크카드의 기본 사용한도는 일 6백만 원, 월 2천만 원이며, 최대 사용한도는 일 1억 원, 월 3억 원이다.
③ 우체국 브라보 체크카드에 대한 설명이다. 우체국 개이득 체크카드는 국내 전 가맹점 0.3%, OTT · 패션 · 멤버십 30% 캐시백 제공한다.
④ 행복한 체크카드는 의료 특화 카드로 병의원 · 약국 · 학원 · 대형마트 · 문화 10%, 우체국 최대 12% 캐시백 및 그린서비스를 제공하는 카드이다.

22 ④

오답체크

① 법인용 체크카드의 현금 입출금 기능은 개인사업자에 한하여 선택 가능하다.
② 우체국 개인 체크카드의 발급대상은 우체국 수시입출식 통장을 보유한 만 12세 이상의 개인이다.
③ 우체국 체크카드는 회원이 가입신청서를 작성하여 카드 발급을 요청하면 우체국에서 이를 심사하여 금융단말기에 등록하고, 카드를 교부함으로써 효력이 발생한다. 단, 위탁업체를 통하여 후 발급받은 경우에는 카드 수령 후 회원 본인이 ARS, 우체국 스마트뱅킹(인터넷뱅킹, 스마트폰뱅킹) 또는 우체국을 방문하여 사용 등록하여야 효력이 발생한다.

23 ③ ㄱ. 우체국 법인용 체크카드에는 성공파트너, e-나라도움(법인형), 정부구매, Biz 플러스 등이 있다. 지역화폐카드는 지역상권 활성화를 위해 지역화폐를 우체국 체크카드로 사용할 수 있도록 한 카드로 개인용 체크카드에 해당한다.
ㄹ. 체크카드는 은행 또는 카드사가 제휴한 은행에 입출금 자유로운 통장을 소지한 개인 및 기업회원을 대상으로 발급 가능하며, 최근에는 증권사나 종금사의 CMA를 결제계좌로 하는 체크카드의 발급도 활발하다.

24 ① ㄷ. 회원 본인의 사망 또는 피성년후견인 또는 피한정후견인으로 우체국에 신고 등록한 경우 효력이 상실된다.
ㄹ. 하이브리드카드는 18세 이상 발급이 가능하나 18세는 후불교통 기능만 사용할 수 있고, 19세부터 신용 결제가 가능하다.

25 **우체국 체크카드에 대한 설명으로 옳은 것은?** 21. 계리직

① 법인의 우체국 체크카드 월 사용 한도는 기본 한도 1억 원, 최대 한도 3억 원이다.
② Biz플러스 체크카드는 신차 구매, 전 가맹점 0.3% 포인트 적립 등 개인사업자 및 소상공인을 위한 맞춤형 혜택을 제공하는 카드이다.
③ 라이프$^{+}$플러스 체크카드의 교통 기능은 일반 카드일 경우에는 선불, 하이브리드 카드일 경우에는 후불 적용된다.
④ 우체국 체크카드는 카드 유효기간의 만료 또는 회원 본인이 사망하거나 피성년후견인 · 피한정후견인으로 우체국에 신고 등록된 경우, 효력이 상실된다.

26 **우체국 예금상품에 대한 설명으로 옳은 것을 모두 고른 것은?** 21. 계리직

ㄱ. e-Postbank정기예금은 자동이체 약정, 체크카드 이용실적, 자동 재예치 실적에 따라 우대금리를 제공한다.
ㄴ. 「중소기업협동조합법」에서 정하는 소기업 · 소상공인 공제금 수급자는 우체국 행복지킴이통장 가입대상이다.
ㄷ. 입양자는 이웃사랑정기예금과 우체국 새출발자유적금 패키지 중 새출발 행복 상품에 가입할 수 있다.
ㄹ. 우체국 하도급지킴이통장은 공사대금 및 입금이 하도급자와 근로자에게 기간 내 집행될 수 있도록 관리, 감독하기 위한 압류방지 전용 통장이다.

① ㄱ, ㄴ
② ㄱ, ㄹ
③ ㄴ, ㄷ
④ ㄷ, ㄹ

정답 및 해설

25 ④

오답체크

① 법인의 우체국 체크카드 월 사용 한도는 기본 한도 2천만 원, 최대 한도 3억 원이다.
② Biz플러스 체크카드는 주유소, 신차 구매 등 개인사업자 및 소상공인을 위한 맞춤형 혜택을 제공하는 카드이다. 포인트가 적립되는 체크카드는 다드림 체크카드이다.
③ 라이프$^{+}$플러스 체크카드는 교통 기능이 없다.

26 ③ ㄱ. e-Postbank정기예금은 인터넷뱅킹, 스마트뱅킹으로 가입이 가능한 온라인 전용 상품으로 온라인 예 · 적금 가입, 자동이체 약정, 체크카드 이용실적에 따른 우대금리를 제공하는 정기예금이다. 자동 재예치 실적은 우대금리 제공 사유가 아니다.
ㄹ. 우체국 하도급지킴이통장은 공사대금 및 입금이 하도급자와 근로자에게 기간 내 집행될 수 있도록 관리, 감독하기 위한 전용 통장이나, 압류방지 전용 통장은 아니다.

Chapter 09

우체국 금융서비스

Step 01 OX로 핵심잡기

topic 22 펀드상품과 전자금융

01 우체국에서 판매하는 펀드상품은 대부분 안정형 위주로 구성되어 있다. ( )

02 공모펀드 중 원금손실 위험도가 낮은 MMF 13종, 채권형펀드 23종, 주식 비중이 30% 이하인 채권혼합형펀드 20종 등 총 56종의 펀드상품을 우체국 창구 및 온라인을 통해 판매하고 있다. ( )

03 MMF는 투자대상이 단기채권, CP(기업어음), CD(양도성 예금증서) 등 단기금융상품에 투자하는 펀드를 말한다. '단기'는 투자대상 자산의 만기가 단기라는 의미이다. ( )

04 MMF는 예금자보호 대상 상품이 아니며, 보유채권 부도 시 원금손실 가능성이 있다. ( )

05 MMF를 구분하면 국공채형은 법인형, 일반형은 개인형이다. ( )

06 집합투자재산의 50% 이상을 채권 및 채권관련 파생상품에 투자하는 펀드이다. ( )

07 금리하락기에는 편입채권의 가격이 하락하여 수익이 작아진다. ( )

정답 및 해설

01 ○
02 ○
03 × MMF는 투자대상이 단기채권, CP(기업어음), CD(양도성 예금증서) 등 단기금융상품에 투자하는 펀드를 말한다. '단기'는 투자대상 자산의 만기가 단기라는 의미가 아니라 잔존만기가 단기라는 의미다.
04 ○
05 × MMF를 구분하면 국공채형은 개인형, 일반형은 법인형이다.
06 ○
07 × 금리하락기에는 편입채권의 가격이 상승하여 수익이 커진다.

08 집합투자재산의 50% 미만을 주식에 투자하는 펀드로, 우체국 펀드의 경우 주식편입비 50% 이내 펀드를 판매하고 있다. (　　)

09 상대적으로 채권운용전략보다 주식운용전략이 펀드의 성과에 미치는 영향이 더욱 크다. (　　)

10 우체국페이는 우체국 전자금융서비스 신청 고객이 우체국 방문 없이 스마트폰에서 우체국 금융서비스(가입, 조회, 이체 등)를 이용할 수 있는 우체국예금 스마트폰뱅킹전용 어플리케이션이다. (　　)

11 우체국 인터넷뱅킹을 해지하면 우체국뱅킹은 자동 해지되나 우체국뱅킹을 해지하더라도 인터넷뱅킹 이용 자격은 계속 유지된다. (　　)

12 전자금융이용 고객은 1회 및 1일 이체한도를 우체국이 정한 보안등급별 자금이체한도와 보안매체별 거래이용수단에 따라 계좌이체 한도를 지정할 수 있으며, 우체국이 정한 한도를 초과하여 지정할 수 없다. (　　)

13 법인 별도계약을 통해 한도 초과 약정을 할 경우 안전등급의 거래이용수단을 이용하고 관할 지정우정청장의 승인을 받아야 한다. (　　)

14 계좌 비밀번호, 보안카드 비밀번호, 폰뱅킹 이체 비밀번호, 모바일 인증서에 등록한 PIN, 패턴, 생체인증 정보, OTP(디지털OTP 포함) 인증번호 등을 연속 5회 이상 잘못 입력한 경우에는 전자금융서비스 이용이 제한된다. (　　)

15 OTP는 전 금융기관을 통합하여 연속 5회 이상 잘못 입력한 경우 전자금융서비스 이용이 제한된다. (　　)

16 최근 보급이 확대되고 있는 지능형 자동화기기인 "우체국 스마트 ATM"에서는 화상인증(신분증 복사기능 + 얼굴사진 촬영) 및 지문 · 얼굴 등 생체인증을 통해 이용고객의 신원확인이 가능하여, 서비스 제공범위가 기존 자동화기기 서비스는 물론 우체국 창구에서만 처리 가능하던 일부 업무(상품가입, 체크카드발급, 비밀번호 변경 등)까지 확대되었다. (　　)

topic 23 통합멤버십, 우편환 · 대체, 외국환, 제휴서비스

17 우체국 통합멤버십은 우정사업 서비스(체크카드, 쇼핑) 이용 및 이벤트 참여 등으로 모은 포인트를 통합하여 사용하는 서비스이다. ( )

18 통합멤버십 포인트는 우정사업 서비스 및 이벤트에서 모은 포인트를 사용하지만 우체국예금 계좌로 선불 충전은 불가능하다. ( )

19 통합 멤버십 회원가입은 우체국 뱅킹과 우체국페이앱에서 가능하다. ( )

20 충전포인트는 우체국 계좌 연결 후 계좌이체를 통해 선불 충전한 포인트로 충전한도는 건당 30만 원, 1일 50만 원이며 총 보유한도는 200만 원이다. ( )

21 선물포인트는 통합멤버십 회원 간 보유 포인트를 선물하거나 선물 받은 포인트로 건당 10만 원, 1일 30만 원, 월 50만 원이며, 받은 선물 포인트는 재선물이 가능하다. ( )

정답 및 해설

08 × 집합투자재산의 50% 미만을 주식에 투자하는 펀드로, 우체국 펀드의 경우 주식편입비 30% 이내 펀드를 판매하고 있다.
09 ○
10 × 우체국페이는 우체국예금 모바일뱅킹에 핀테크를 접목시켜 간편결제 및 간편송금 등 핀테크 서비스를 제공하는 앱이다. 우체국뱅킹 앱(App)에 대한 설명이다.
11 ○
12 × 전자금융이용 고객은 1회 및 1일 이체한도를 우체국이 정한 보안등급별 자금이체한도와 보안매체별 거래이용수단에 따라 계좌이체 한도를 지정할 수 있으며, 우체국과 별도 약정을 통해 우체국이 정한 한도를 초과하여 지정할 수 있다.
13 ○
14 ○
15 × OTP는 전 금융기관을 통합하여 연속 10회 이상 잘못 입력한 경우 전자금융서비스 이용이 제한된다.
16 ○
17 ○
18 × 통합멤버십 포인트는 우정사업 서비스 및 이벤트에서 모은 포인트 외에 우체국예금 계좌로 선불 충전이 가능하다.
19 × 통합 멤버십 회원가입은 우체국페이앱에서만 제공하며 우체국페이 신규 가입절차에 통합멤버십 회원 가입절차가 포함되어 있다.
20 ○
21 × 선물포인트는 통합멤버십 회원 간 보유 포인트를 선물하거나 선물 받은 포인트로 건당 10만 원, 1일 30만 원, 월 50만 원이며, 받은 선물 포인트는 재선물이 불가하다.

22 우편환은 우편환법에 따라 우편 또는 전자적 수단으로 전달되는 환증서(전자적 매체를 통해 표시되는 지급지시서 및 계좌입금 등을 포함)를 통한 송금수단으로 금융기관의 온라인망이 설치되어 있지 않은 지역에 대한 송금을 위해 이용된다. (　　)

23 우체국은 신한은행과 제휴하여 신한은행 SWIFT 망을 통해 전 세계금융기관을 대상으로 해외송금 서비스를 운영한다. (　　)

24 Eurogiro 해외송금은 주소지 송금이 불가능하다. (　　)

25 우체국은 하나은행 및 머니그램사와 제휴하여 계좌번호 없이 8자리 송금번호 및 수취인 영문명으로 송금하면 약 10분 뒤 수취인 지역 내 머니그램 Agent를 방문하여 수취 가능한 특급송금 서비스를 제공하고 있다. (　　)

26 외화환전 예약서비스의 수령 장소는 고객이 지정한 일부 환전업무 취급 우체국 및 우정사업본부와 환전업무 관련 제휴된 하나은행 지점(환전소)에서 수령할 수 있다. (　　)

27 외화환전 예약서비스의 환전 가능 금액은 건당 1백만 원 이내이고 달러, 유로, 엔, 위안만 가능하다. (　　)

28 외화배달 서비스는 우체국 창구 접수를 통하여 환전거래와 대금 지급을 완료하여 신청할 수 있다. (　　)

29 외화 배달서비스 신청이 가능한 통화는 미국달러(USD), 유럽유로(EUR), 일본엔(JPY), 중국위안(CNY) 총 4개 통화이다. (　　)

30 창구망 공동이용은 우체국과 민간은행이 업무제휴를 맺고 우체국 창구에서 타행환 거래방식 방식으로 입·출금 거래를 할 수 있도록 하고 있다. (　　)

31 노란우산은 소기업·소상공인이 폐업·노령·사망 등의 위험으로부터 생활안정을 기하고 사업재기 기회를 제공받을 수 있도록 「중소기업협동조합법」제 115조 규정에 따라 '07. 9월부터 비영리기관인 중소기업중앙회에서 운영하는 공적 공제제도이다. (　　)

32 연간 최대 500만 원 한도 내로 소득공제가 가능하다. (　　)

33 CMS(Cash Management Service; 자금관리서비스)는 고객이 우체국에 개설된 제휴회사의 계좌로 무통장 입금하고 그 입금 내역을 우정사업정보센터(우체국 금융 IT운영 담당)에서 입금회사로 실시간 전송하는 시스템으로 우체국은 7개 사와 제휴하고 있다. ( )

34 제휴 체크카드의 제휴기관은 하나카드이고, 제휴 신용카드는 신한카드이다. ( )

35 우체국은 증권·선물회사와 업무제휴 계약을 체결하고 전국 우체국 창구에서 고객의 증권·선물 계좌개설, 관련 제휴카드 발급, 이체서비스 등을 대행하고 있다. ( )

정답 및 해설

22 ○
23 ○
24 × Eurogiro 해외송금은 주소지 송금이 가능하다.
25 × 우체국은 신한은행 및 머니그램사와 제휴하여 계좌번호 없이 8자리 송금번호 및 수취인 영문명으로 송금하면 약 10분 뒤 수취인 지역 내 머니그램 Agent를 방문하여 수취 가능한 특급송금 서비스를 제공하고 있다.
26 ○
27 × 환전 가능 금액은 건당 1백만 원 이내이고 환전가능 통화는 미국달러(USD), 유럽유로(EUR), 일본엔(JPY), 중국위안(CNY), 캐나다달러(CAD), 호주달러(AUD), 홍콩달러(HKD), 태국바트(THB), 싱가폴달러(SGD), 영국파운드(GBP) 등 총 10종이다.
28 × 외화배달 서비스는 우체국 인터넷뱅킹 또는 스마트뱅킹 등 비대면 채널을 통하여(우체국 창구 접수는 불가) 환전거래와 대금 지급을 완료하고, 고객이 직접 날짜와 장소를 지정하면 우편서비스(맞춤형계약등기)를 이용하여 접수된 외화 실물을 직접 배달해 주는 서비스이다.
29 ○
30 × 창구망 공동이용은 우체국과 민간은행이 업무제휴를 맺고 전용선 또는 금융결제원 공동망으로 양 기관 간 전산시스템을 연결하여 제휴은행 고객이 전국의 우체국 창구에서 기존의 타행환 거래방식이 아닌 자행거래 방식으로 입·출금 거래를 할 수 있도록 하고 있다.
31 ○
32 × 연간 최대 600만 원 한도 내로 소득공제가 가능하다.
33 ○
34 × 제휴 체크카드의 제휴기관은 신한카드이고, 제휴 신용카드는 하나카드이다.
35 ○

Step 02 객관식으로 실전연습

01 〈보기〉에서 CD/ATM 서비스에 대한 설명으로 옳은 것을 모두 고른 것은? 23. 계리직

보기

ㄱ. "우체국 스마트 ATM"은 기존 ATM 서비스뿐만 아니라 계좌개설, 체크카드 및 보안매체 발급, 비밀번호 변경 등이 가능하다.
ㄴ. CD/ATM 계좌이체는 최근 1년간 영업점 창구를 통한 현금입・출금 실적이 없는 고객에 한하여 1일 및 1회 이체한도를 각각 70만 원으로 축소하고 있다.
ㄷ. CD/ATM 서비스를 이용하기 위해서는 현금카드나 신용・체크카드 등이 있어야 하지만 최근 기술 발달로 휴대폰, 바코드, 생체인식으로도 이용할 수 있으며 이용매체가 없어도 CD/ATM 서비스 이용이 가능하다.
ㄹ. 보이스피싱 피해 방지를 위해 수취계좌 기준 1회 100만 원 이상 이체금액에 대해 CD/ATM에서 인출 시 입금된 시점부터 10분 후 인출 및 이체가 가능하도록 하는 지연인출제도가 시행되고 있다.

① ㄱ, ㄷ
② ㄴ, ㄹ
③ ㄱ, ㄴ, ㄷ
④ ㄱ, ㄷ, ㄹ

02 우체국 펀드에 대한 설명으로 옳지 않은 것은?

① 우체국에서 판매하는 펀드상품은 대부분 안정형 위주로 구성되어 있다.
② 펀드는 원금과 이자, 보험금 등 전액을 보장하는 우체국예금・보험 상품과는 달리 운용실적에 따라 손익이 결정되는 실적배당 상품이기 때문에 원금 손실이 발생할 수도 있다.
③ MMF는 수시입출금이 가능하며, 환매수수료가 없고, 입출금이나 투자금의 제한이 없다.
④ 우체국의 채권혼합형 펀드는 집합투자재산의 50% 이상을 주식에 투자하는 펀드로, 우체국 펀드의 경우 채권편입비 30% 이내 펀드를 판매하고 있다.

PART 03

03 〈보기〉의 (　　)에 들어갈 내용을 바르게 짝지은 것은?

보기
(가) 공모펀드 중 원금손실 위험도가 낮은 MMF (　　)종
(나) 채권형펀드 (　　)종
(다) 채권혼합형펀드 (　　)종

	(가)	(나)	(다)
①	13종	20종	23종
②	20종	20종	23종
③	13종	23종	20종
④	23종	23종	23종

04 〈보기〉에서 우체국 펀드상품에 대한 설명으로 옳은 것을 모두 고른 것은?

보기
ㄱ. MMF는 투자대상이 단기채권, CP(기업어음), CD(양도성 예금증서) 등 단기금융상품에 투자하는 펀드를 말한다.
ㄴ. MMF는 '단기'는 투자대상 자산의 만기가 단기라는 의미이다.
ㄷ. 집합투자재산의 50% 이상을 채권 및 채권관련 파생상품에 투자하는 펀드이고 채권혼합형펀드는 집합투자재산의 50% 미만을 주식에 투자하는 펀드로, 우체국 펀드의 경우 주식편입비 30% 이내 펀드를 판매하고 있다.
ㄹ. 채권형펀드는 채권가격에 영향을 많이 받으므로 금리상승기에는 편입채권의 가격이 상승하여 수익이 커진다.

① ㄱ, ㄴ　　② ㄱ, ㄷ
③ ㄴ, ㄹ　　④ ㄷ, ㄹ

정답 및 해설

01 ① ㄴ. 최근 1년간 CD/ATM을 통한 계좌이체 실적이 없는 고객에 한하여 1일 및 1회 이체한도를 각각 70만 원으로 축소하고 있다.
ㄹ. 보이스피싱 피해 방지를 위해 수취계좌 기준 1회 100만 원 이상 이체금액에 대해 CD/ATM에서 인출 시 입금된 시점부터 30분 후 인출 및 이체가 가능하도록 하는 지연인출제도가 시행되고 있다.

02 ④ 집합투자재산의 50% 미만을 주식에 투자하는 펀드로, 우체국 펀드의 경우 주식편입비 30% 이내 펀드를 판매하고 있다.

03 ③ 공모펀드 중 원금손실 위험도가 낮은 MMF 13종, 채권형펀드 23종, 주식 비중이 30% 이하인 채권혼합형펀드 20종 등 총 56종의 펀드상품을 우체국 창구 및 온라인을 통해 판매하고 있다.

04 ② ㄴ. MMF는 '단기'는 투자대상 자산의 만기가 단기라는 의미가 아니라 잔존만기가 단기라는 의미다.
ㄹ. 채권형펀드는 채권가격에 영향을 많이 받으므로 금리상승기에는 편입채권의 가격이 하락하여 수익이 작아진다.

05 **다음은 우체국 모바일뱅킹에 대한 설명이다. 옳은 것을 모두 고르시오.**

보기

ㄱ. 우체국예금은 어플리케이션 기반의 스마트폰뱅킹인 "우체국뱅킹"과 "우체국페이" 두 가지 모바일뱅킹 서비스를 제공하고 있다.
ㄴ. 우체국뱅킹 앱 가입 시에는 본인명의 휴대폰과 신분증, 타 금융기관 계좌가 필요(없을 경우 화상통화로 대체)하며, 이용 가능한 신분증은 주민등록증, 운전면허증, 모바일신분증(운전면허증, 국가보훈등록증)이다.
ㄷ. 우체국뱅킹 앱(App)을 통해 현금 또는 카드 없이 스마트폰만으로 지불 결제를 진행하고, 휴대전화번호만 알면 경조카드와 함께 경조금을 보낼 수 있다.
ㄹ. 인터넷 뱅킹과 달리 모바일 뱅킹은 모두 보안등급이 안전등급일 경우 개인은 1회 1억 원, 1일 5억 원까지 송금이 가능하다.

① ㄱ, ㄴ ② ㄱ, ㄷ
③ ㄴ, ㄹ ④ ㄷ, ㄹ

06 **우체국 뱅킹에 대한 설명으로 옳지 않은 것은?**

① 인터넷뱅킹은 고객이 우체국 창구에 직접 방문하지 않고 인터넷이 연결된 PC를 이용하여 우체국예금보험 홈페이지(www.epostbank.go.kr)에 접속하여 다양한 금융서비스를 이용할 수 있는 전자금융서비스이다.
② 폰뱅킹에서 지정전화번호 등록 시 고객이 지정한 전화번호로만 자금이체 또는 보험금 지급 등 주요 거래가 가능하다.
③ 우체국 뱅킹을 해지하면 인터넷뱅킹 이용 자격은 자동 소멸된다.
④ 계좌 비밀번호, 보안카드 비밀번호, OTP(디지털OTP 포함) 인증번호 등을 연속 5회 이상 잘못 입력한 경우 전자금융이용서비스는 제한된다.

07 **전자금융을 이용한 자금이체 한도에 대한 설명으로 옳지 않은 것은?**

① 인터넷·모바일의 1일 자금이체한도는 합산하여 처리된다.
② 인터넷뱅킹의 기본등급은 본인거래에 한하여 적용된다.
③ 전화번호이체, 주소송금(경조금배달), 기부금송금의 이체한도는 1회 200만 원/1일 300만 원이 적용된다.
④ 전화번호이체, 주소송금(경조금배달), 기부금송금의 이체한도는 우체국 이체한도 합산하여 적용된다.

08 〈보기〉에서 통합멤버십과 포인트에 대한 설명으로 옳은 것을 모두 고른 것은?

보기

ㄱ. 통합멤버십 포인트는 우정사업 서비스 및 이벤트에서 모은 포인트 외에 우체국예금 계좌로 선불 충전이 가능하다.
ㄴ. 통합멤버십 회원의 단독탈회는 불가능하며 우체국페이 서비스 해지 시만 탈회가 가능하다.
ㄷ. 충전포인트는 우체국 계좌 연결 후 계좌이체를 통해 선불 충전한 포인트로 충전한도는 건당 30만 원, 1일 50만 원이며 총 보유한도는 300만 원이다.
ㄹ. 선물포인트는 통합멤버십 회원 간 보유 포인트를 선물하거나 선물 받은 포인트로 받은 선물 포인트는 재선물이 가능하다.

① ㄱ, ㄴ
② ㄱ, ㄷ
③ ㄴ, ㄹ
④ ㄷ, ㄹ

09 해외 송금에 대한 설명으로 옳지 않은 것은?

① 국민인 거주자는 송금금액 건당 5천불 초과 시, 외국인·국민인 비거주자는 송금금액과 상관없이 거래외국환은행을 반드시 지정해야 한다.
② 우체국은 신한은행과 제휴하여 신한은행 SWIFT 망을 통해 전 세계금융기관을 대상으로 해외송금 서비스를 운영한다.
③ 해외송금시 유로지로를 이용하면 거래외국환 은행을 지정할 필요가 없다.
④ 외화환전 예약서비스 환전 가능 금액은 건당 1백만 원 이내이고 환전가능 통화는 총 4종이다.

정답 및 해설

05 ① ㄷ. 우체국페이 앱(App)을 통해 현금 또는 카드 없이 스마트폰만으로 지불 결제를 진행하고, 휴대전화번호만 알면 경조카드와 함께 경조금을 보낼 수 있다.
ㄹ. 인터넷 뱅킹과 모바일 뱅킹 모두 보안등급이 안전등급일 경우 개인은 1회 1억 원, 1일 5억 원까지 송금이 가능하다.

06 ③ 우체국 인터넷뱅킹을 해지하면 우체국뱅킹은 자동 해지되나 우체국뱅킹을 해지하더라도 인터넷뱅킹 이용 자격은 계속 유지된다.

07 ④ 전화번호이체, 주소송금(경조금배달), 기부금송금의 이체한도는 우체국 이체한도와 별도 적용된다.

08 ① ㄷ. 충전포인트는 우체국 계좌 연결 후 계좌이체를 통해 선불 충전한 포인트 충전한도는 건당 30만 원, 1일 50만 원이며 총 보유한도는 200만 원이다.
ㄹ. 선물포인트는 통합멤버십 회원 간 보유 포인트를 선물하거나 선물 받은 포인트로 건당 10만 원, 1일 30만 원, 월 50만 원이며, 받은 선물 포인트는 재선물이 불가하다.

09 ④ 외화환전 예약서비스 환전 가능 금액은 건당 1백만 원 이내이고 환전가능 통화는 총 10종이며, 외화배달서비스 가능 통화가 4종이다.

10 **〈보기〉에서 우체국 노란우산 판매대행 업무에 대한 설명으로 옳은 것을 모두 고른 것은?**

보기

ㄱ. 소기업, 소상공인 대표자는 가입 가능하나 사업자 등록이 없으면 불가능하다.
ㄴ. 가입시점으로부터 2년간 압류·담보·양도 금지 및 무료상해보험가입이 가능하다.
ㄷ. 연간 최대 600만 원 한도 내로 소득공제가 가능하다.
ㄹ. 기 가입자 또는 강제해지 이후 2년 미경과 시에는 신교 및 재청약이 불가하다.

① ㄱ, ㄴ
② ㄱ, ㄷ
③ ㄴ, ㄷ
④ ㄷ, ㄹ

11 **〈보기〉에서 우체국 외국환 업무에 대한 설명으로 옳은 것을 모두 고른 것은?** 23. 계리직

보기

ㄱ. 외화배달 서비스 이용 시 외화 수령일은 신청일로부터 3 영업일에서 10 영업일 이내로 지정할 수 있다.
ㄴ. 머니그램(MoneyGram)은 송금 후 약 10분 뒤에 송금번호(REF.NO)만으로 수취가 가능한 특급해외송금 서비스이다.
ㄷ. 외화환전 예약서비스는 인터넷뱅킹·스마트뱅킹에서 신청 후 모든 우체국 또는 제휴은행 일부 지점에서 현물을 수령할 수 있다.
ㄹ. 우체국은 하나은행과 업무 제휴하여 하나은행 SWIFT 망을 통해 전 세계 금융기관을 대상으로 해외송금 서비스를 운영하고 있다.

① ㄱ, ㄴ
② ㄱ, ㄹ
③ ㄴ, ㄷ
④ ㄷ, ㄹ

12 **우체국 금융의 제휴 서비스에 대한 설명으로 옳지 않은 것은?** 24. 계리직

① 우체국은 신용카드사와 업무제휴를 통해 제휴 체크카드를 발급하고 있으며 심사기준으로 별도의 자격기준을 부여하고 있다.
② 우체국은 증권·선물회사와 업무제휴 계약을 체결하여 전국 우체국 창구에서 고객의 증권·선물 계좌개설을 대행하고 있다.
③ 우체국과 민간은행은 업무제휴를 맺어 제휴 은행 고객이 전국 우체국 창구에서 타행환 거래방식이 아닌 자행 거래방식으로 입·출금 거래를 할 수 있다.
④ 우체국은 카드·캐피탈 회사 등과 개별 이용약정을 통해 전국 우체국에서 CMS 입금 업무를 대행한다.

13 **밑줄 친 (　　)에서 제공하는 주요 서비스의 내용으로 옳은 것은?** 22. 계리직

(　　)은/는 우체국 특화서비스인 우편환 기반 경조금 송금서비스와 핀테크를 접목시킨 간편결제 및 간편송금 서비스를 제공하는 우체국예금 모바일뱅킹 서비스 앱이다.

① 수신자의 휴대전화번호만 알면 경조금 및 경조카드를 보낼 수 있다.
② 전체 메뉴를 영어모드로 전환하는 서비스를 제공한다.
③ SWIFT, 국제환 서비스로 해외송금이 가능하다.
④ 증명서 신청 및 발급 등 전자문서지갑 기능을 제공한다.

정답 및 해설

10 ③ ㄱ. 사업자 등록이 없는 일종의 프리랜서이나 사업소득원천징수 영수증 발급이 가능한 자는 가입 가능하다.
ㄹ. 기 가입자 또는 강제해지 이후 1년 미경과 시에는 신규 및 재청약이 불가하다.

11 ① ㄷ. 외화환전 예약서비스는 우체국 창구 방문 신청 또는 인터넷뱅킹·스마트뱅킹을 이용하여 환전(원화를 외화로 바꾸는 업무) 거래와 대금 지급을 완료하고, 원하는 수령일자(환전예약 신청 당일 수령은 불가) 및 장소를 선택하여 지정한 날짜에 외화 실물을 직접 수령하는 서비스이다. 수령 장소는 고객이 지정한 일부 환전업무 취급 우체국 및 우정사업본부와 환전업무 관련 제휴된 하나은행 지점(환전소)에서 수령할 수 있다.
ㄹ. 우체국은 신한은행과 제휴하여 신한은행 SWIFT망을 통해 전 세계금융기관을 대상으로 해외송금 서비스를 운영하고 있다.

12 ① 제휴 체크카드는 자격기준이 없어 신용불량자도 받을 수 있지만 제휴 신용카드는 별도 자격기준이 부여되어 있다.

13 ① '우체국페이'는 우체국예금 모바일뱅킹에 핀테크를 접목시켜 간편결제 및 간편송금 등 핀테크 서비스를 제공하는 앱이다. 우체국페이 앱(App)을 통해 현금 또는 카드 없이 스마트폰만으로 지불 결제를 진행하고, 휴대전화번호만 알면 경조카드와 함께 경조금을 보낼 수 있다. 또한 우체국 통합멤버십 가입 및 이용이 가능하여 우체국 쇼핑·체크카드 등에서 발생한 우체국 포인트를 통합적으로 관리할 수 있다.

14 **다음은 우체국 해외송금과 환전업무에 대한 설명이다. 옳은 것을 모두 고르시오.**

보기

ㄱ. 우체국은 신한은행과 제휴하여 하나은행 SWIFT 망을 통해 전 세계금융기관을 대상으로 해외송금 서비스를 운영한다.
ㄴ. 우체국은 신한은행 및 머니그램社와 제휴하여 계좌번호 없이 8자리 송금번호 및 수취인 영문명으로 송금하면 약 10분 뒤 수취인 지역 내 머니그램 Agent를 방문하여 수취 가능한 특급송금 서비스를 제공하고 있다.
ㄷ. 외화환전 예약서비스의 수령 장소는 고객이 지정한 일부 환전업무 취급 우체국 및 우정사업본부와 환전업무 관련 제휴된 신한은행 지점(환전소)에서 수령할 수 있다.
ㄹ. 외화배달 서비스의 외화 수령일은 신청일로부터 3 영업일에서 10 영업일 이내로 지정 할 수 있다.

① ㄱ, ㄴ
② ㄱ, ㄷ
③ ㄴ, ㄹ
④ ㄷ, ㄹ

15 **우체국 제휴서비스에 대한 설명으로 옳지 않은 것은?**

① 우체국과 민간은행이 업무제휴를 맺고 전국의 우체국 창구에서 기존의 자행거래 거래방식이 아닌 타행환 방식으로 입·출금 거래를 할 수 있도록 하고 있다.
② 우체국 금융 창구를 통해 노란우산 가입, 지급신청 등을 할 수 있도록 업무를 대행함으로써 소기업·소상공인의 서비스 이용 편익을 제고하였다.
③ 우체국예금의 현금카드와 신용카드 기능이 포함된 제휴 신용카드 상품을 출시함으로써 국민들의 카드이용 편의를 도모하고 있다.
④ 우체국은 증권·선물회사와 업무제휴 계약을 체결하고 전국 우체국 창구에서 고객의 증권·선물 계좌개설, 관련 제휴카드 발급, 이체서비스 등을 대행하고 있다.

16 우체국의 카드대행 서비스에 대한 설명으로 옳지 않은 것은?

	구분	제휴 체크카드	제휴 신용카드
①	발급대상	개인은 12세 이상	개인은 19세 이상 소득이 있는 자
②	심사기준	신용불량자 불가능	신용불량자 불가능
③	사용한도	우체국예금 결제계좌 잔액	개인별 신용한도액
④	제휴기관	신한카드	하나카드

정답 및 해설

14 ③ ㄱ. 우체국은 신한은행과 제휴하여 신한은행 SWIFT 망을 통해 전 세계금융기관을 대상으로 해외송금 서비스를 운영한다.
ㄷ. 외화환전 예약서비스의 수령 장소는 고객이 지정한 일부 환전업무 취급 우체국 및 우정사업본부와 환전업무 관련 제휴된 하나은행 지점(환전소)에서 수령할 수 있다.

15 ① 우체국과 민간은행이 업무제휴를 맺고 전국의 우체국 창구에서 기존의 타행환 거래방식이 아닌 자행거래 방식으로 입·출금 거래를 할 수 있도록 하고 있다.

16 ② 제휴 체크카드는 자격기준이 없으며 신용불량자도 가능하다.

Chapter 10

전자금융

Step 01 OX로 핵심잡기

topic 24 전자금융의 발전과정, 인터넷, 모바일, 텔레뱅킹

01 전자금융거래에서 이용되고 있는 전자적 장치는 전화, 현금자동 입·출금기 (CD/ATM : Cash Dispenser / Automated TellerMachine) 등 전통적인 전자매체에서부터 PC, 태블릿 PC, 스마트폰 등 새로운 전자매체에 이르기까지 매우 다양하다. ( )

02 전자적 장치를 금융기관 또는 전자금융업자의 업무에 활용되는 것은 전달 채널에 해당한다. ( )

03 접근매체는 전자금융거래에 있어서도 거래지시를 하거나 이용자 및 거래내용의 진실성과 정확성을 확보하기 위하여 사용되는 수단 또는 정보로 '전자서명법'상의 인증서 등이 해당한다. ( )

04 다양한 전자금융 전용 상품 및 서비스의 개발이 가능하여 높은 부가가치 창출이 가능해졌다. ( )

05 모바일을 중심으로 발전 중인 전자금융 서비스는 전자기기가 익숙하지 않은 고령층 등 오프라인에서 금융거래를 하는 고객에게 금융소외 발생 유인이 되며, 디지털 접근성 강화를 통한 금융포용 구현이 전자금융의 주요 과제로 부상하고 있다. ( )

06 전자금융의 발전과정은 제1단계 : PC기반 금융업무 자동화 → 제2단계 : 네트워크 기반 금융전산 공동망화 → 제3단계 : 인터넷 기반 금융서비스 다양화 → 제4단계 : 모바일 기반 디지털금융 혁신화 → 제5단계 : 신기술 기반 금융IT 융합화 순으로 진행되었다. ( )

07 인터넷 뱅킹은 인터넷에서 각 금융기관으로 고객이 분산되는 현상이 심화 될 가능성이 있다. ( )

08 인터넷 뱅킹은 개인과 기업 모두 비대면으로 신청 가능하다. ( )

09 인터넷 뱅킹의 디지털 신원인증은 공인인증서로 할 수 있다. ( )

10 스마트폰뱅킹은 휴대성, 이동성 및 개인화라는 매체적 특성을 활용한 조회, 이체, 상품가입 등 기본 업무에 한정되고 있다. ( )

11 텔레뱅킹은 실명확인증표가 있는 개인(외국인, 재외교포 포함) 및 기업이면 누구나 이용 가능하다. ( )

topic 25 CD/ATM, 카드서비스

12 모바일뱅킹용 금융IC칩이 내장된 휴대폰으로도 거래금융기관뿐만 아니라 다른 금융기관의 CD/ATM에서도 금융거래를 이용할 수 있다. ( )

13 고객이 은행에 서비스를 신청하지 않아도 칩 내장 휴대폰을 통해 CD/ATM를 이용가능하다. ( )

정답 및 해설

01 ○
02 × 이용자가 비대면으로 전자적 장치를 통하여 금융상품 및 서비스에 직접 접근해야 전달채널에 해당한다.
03 ○
04 ○
05 ○
06 ○
07 × 인터넷 뱅킹은 인터넷에서 한 번의 클릭으로 고객이 다른 금융기관으로 이동할 수 있으므로 고객흡인력과 경쟁력 있는 상품을 갖춘 금융기관으로 고객이 집중되는 현상이 심화 될 가능성이 있다.
08 × 개인은 가능하지만 기업 고객은 사업자등록증, 대표자 신분증 등 관련 서류를 지참하여 거래금융기관에 방문하여 신청해야 한다.
09 × 2020년 전자서명법 개정안이 시행되어 공인인증서의 법적 지위가 상실되었고 기존 인증 업체들은 '공동인증서'로 명칭을 변경하여 계속 서비스를 제공하고 있다.
10 × 스마트폰뱅킹은 휴대성, 이동성 및 개인화라는 매체적 특성을 활용한 조회, 이체, 상품가입 등 기본 업무에 한정되던 것에서 최근 부동산담보대출 등의 고관여 업무까지 범위를 확장하며 비대면의 한계를 극복하고 있다.
11 ○
12 ○
13 × 칩 내장 휴대폰을 이용하기 위해서는 고객이 은행에 서비스를 신청하면, 고객의 휴대폰으로 Callback URL (Uniform Resource Locator)이 있는 SMS가 수신되고, 고객은 해당 URL에 접속하여 자신의 카드번호를 대체한 바코드를 전송받아야 한다.

14 CD/ATM 무매체 거래는 개인정보 등이 유출될 경우 타인에 의한 예금 부정인출 가능성이 있지만, 다른 은행의 CD/ATM에서도 이용할 수 있다. ( )

15 현재 1회 인출한도(100만 원 이내) 및 1일 인출한도(600만 원 이내)는 금융위원회의 전자금융감독규정이 정한 한도금액 내에서 예금계좌 개설은행이 정하여 운영한다. ( )

16 CD/ATM의 계좌이체 기능을 이용한 전화금융사기(일명 '보이스피싱') 사건의 증가로 인한 피해를 최소화하기 위하여 최근 1년간 CD/ATM을 통한 계좌이체 실적이 없는 고객에 한하여 1일 및 1회 이체한도를 각각 50만 원으로 축소하였다. ( )

17 1회 이체가능금액(600만 원 이내) 및 1일 이체가능금액(5,000만 원 이내)은 금융위원회의 전자금융감독규정이 정한 한도금액 내에서 각 은행이 정하여 운영하고 있다. ( )

18 보이스피싱 피해 방지를 위해 수취계좌 기준 1회 100만 원 이상 이체금액에 대해 CD/ATM에서 인출 시 입금된 시점부터 30분 후 인출 및 이체가 가능하도록 하는 지연 인출제도가 시행되고 있다. ( )

19 신용카드 사용 시 카드 이용고객은 유리하나 가맹점은 유리하지 않다. ( )

20 기업공용카드(무기명식 기업카드)는 실제로 사용하게 될 임직원의 서명을 기재하는 것이 아니라 법인명 또는 기업명을 기재하며, 카드를 사용할 경우 매출전표에는 사용자의 서명을 기재해야 한다. ( )

21 하이브리드 체크카드를 제외하고는 신용공여기능이 없기 때문에 발급과정에서 별도의 결제능력을 심사하지 않는다. ( )

22 체크카드를 이용할 수 있는 이용한도는 1회, 1일, 월간으로 정할 수 있으며 하이브리드 체크카드를 제외한 모든 체크카드는 별도의 신용한도가 부여되지 않는다. ( )

23 하이브리드 체크카드는 계좌 잔액이 부족한 상태에서 잔액을 초과하여 승인 신청이 되면 신청금액 전액이 신용카드로 결제되며, 부여 가능 최대 신용한도는 500만 원이다. ( )

24 선불카드에서 개인 신용카드로 구매 및 충전할 수 있는 이용한도는 1인당 월 최대 100만 원(선불카드 금액과 상품권금액 합산)이다. ( )

25 선불카드 잔액 환불은 「전자금융거래법」 제19조 및 「선불카드 표준약관」 등에 따라 천재지변으로 사용하기 곤란한 경우, 선불카드의 물리적 결함, 선불카드 발행 권면금액 또는 충전액의 40/100(1만 원권 이하의 경우 80/100) 이상 사용한 경우 가능하다. (　　)

26 기명식 선불카드는 최고 600만 원까지 충전할 수 있다. (　　)

27 기명식, 무기명식과 관계없이 양도가 가능하다. (　　)

28 무기명식 선불카드는 원칙적으로 최고 50만 원까지 충전할 수 있다. (　　)

정답 및 해설

14 × CD/ATM 무매체 거래는 개인정보 등이 유출될 경우 타인에 의한 예금 부정인출 가능성이 있고, 다른 은행의 CD/ATM에서는 이용할 수 없다는 단점이 있다.
15 ○
16 × CD/ATM의 계좌이체 기능을 이용한 전화금융사기(일명 '보이스피싱') 사건의 증가로 인한 피해를 최소화하기 위하여 최근 1년간 CD/ATM을 통한 계좌이체 실적이 없는 고객에 한하여 1일 및 1회 이체한도를 각각 70만 원으로 축소하였다.
17 × 1회 이체가능금액(600만 원 이내) 및 1일 이체가능금액(3,000만 원 이내)은 금융위원회의 전자금융감독규정이 정한 한도금액 내에서 각 은행이 정하여 운영하고 있다.
18 ○
19 × 신용카드 사용 시 카드 이용고객 및 가맹점 모두에서 유리하다. 고객은 물품 및 서비스의 신용구매에 따른 실질적인 할인구매의 효과를 누릴 수 있고 또한 현금서비스 기능을 이용하여 긴급신용을 확보할 수 있다. 가맹점은 고정고객을 확보하거나 판매대금을 안정적이고 편리하게 회수할 수 있는 장점이 있다.
20 ○
21 ○
22 ○
23 × 하이브리드 체크카드는 계좌 잔액이 부족한 상태에서 잔액을 초과하여 승인 신청이 되면 신청금액 전액이 신용카드로 결제되며, 부여 가능 최대 신용한도는 30만 원이다.
24 ○
25 × 선불카드 잔액 환불은 「전자금융거래법」 제19조 및 「선불카드 표준약관」 등에 따라 천재지변으로 사용하기 곤란한 경우, 선불카드의 물리적 결함, 선불카드 발행 권면금액 또는 충전액의 60/100(1만 원권 이하의 경우 80/100) 이상 사용한 경우 가능하다.
26 × 기명식 선불카드는 최고 500만 원까지 충전할 수 있다.
27 × 기명식은 양도 불가, 무기명식 선불카드는 카드실물에 성명이 인쇄되어 있지 않으며 신용카드업자 전산에 기명식 회원으로서의 정보가 존재하지 않아 양도가 가능하다.
28 ○

Step 02 객관식으로 실전연습

01 전자금융에 대한 설명으로 옳지 않은 것은?

① 비대면·비장표로 거래가 가능하여 24시간 언제 어디서든 금융 거래가 가능해진다.
② 창구거래보다 이용 수수료도 저렴하다.
③ 다양한 전자금융 전용 상품 및 서비스의 개발이 가능하여 높은 부가가치 창출이 가능해진다.
④ 전자금융은 고객이 이용할 수 있는 전자금융서비스 채널의 다양화를 통해 고객의 영업점 방문횟수를 증가시킴으로써 금융기관에게는 효율적인 창구운영의 기회를 제공하게 된다.

02 전자금융의 발전과정을 순서대로 연결한 것은?

보기

(가) 금융기관과 고객이 기존 영업점 창구에서 대면하지 않고 인터넷 공간에서 실시간으로 입출금거래, 주식매매, 청약, 대출 등의 금융거래를 수행함으로써 편의성과 효율성이 크게 제고되었다.
(나) 이 단계에서는 CD/ATM 및 지로 등을 도입하여 장표처리를 자동화하여 창구업무의 효율화를 도모하였다.
(다) 인터넷과 모바일 금융서비스의 발전은 전자금융 부문에서 금융·비금융 업종 간 장벽을 허물고 국경 없는 진화된 서비스 경쟁을 촉발하게 되었으며 스타트업, 대형 ICT기업 등을 중심으로 비금융기업들의 금융시장 진출이라는 큰 변화를 가져왔다.
(라) 고객들은 개별 금융기관에서만 처리하였던 금융거래를 공동망에서 편리하고 신속하게 이용할 수 있게 되었다. 은행 공동망 구축은 은행의 각 전산시스템을 연결하여 24시간 연중무휴로 금융서비스를 제공하고 전국의 1일 결제권화와 전자자금이체를 확산시킬 목적으로 추진되었다.
(마) 모바일뱅킹, 모바일증권, 모바일카드 등 모바일 기반의 디지털 금융 서비스를 통해 언제 어디서나 편리하게 금융 거래가 가능하게 되었으며 이용 규모도 급속히 증가하게 되었다.

① (나) - (라) - (가) - (마) - (다)
② (나) - (라) - (가) - (다) - (마)
③ (라) - (나) - (가) - (마) - (다)
④ (라) - (나) - (가) - (다) - (마)

03 〈보기〉에서 전자금융에 대한 설명으로 옳은 것을 모두 고른 것은?

보기

ㄱ. 이용자가 비대면으로 전자적 장치를 통하여 금융상품 및 서비스에 직접 접근해야 전달채널에 해당한다.
ㄴ. 접근매체는 전자금융거래에 있어서도 거래지시를 하거나 이용자 및 거래내용의 진실성과 정확성을 확보하기 위하여 사용되는 수단 또는 정보이다.
ㄷ. 창구거래보다 이용 수수료가 높은 편이다.
ㄹ. 금융거래에 필요한 관리비용과 거래건당 처리비용을 절감하기 어렵다.

① ㄱ, ㄴ
② ㄱ, ㄷ
③ ㄴ, ㄹ
④ ㄷ, ㄹ

04 인터넷 뱅킹에 대한 설명으로 옳지 않은 것은?

① 개인은 가능하지만 기업 고객은 사업자등록증, 대표자 신분증 등 관련 서류를 지참하여 거래금융기관에 방문하여 신청해야 한다.
② 2020년 전자서명법 개정안이 시행되어 공인인증서의 법적 지위가 상실되었고 기존 인증 업체들은 '공동인증서'로 명칭을 변경하여 계속 서비스를 제공하고 있다.
③ 보안매체는 크게 보안카드와 OTP로 구분된다.
④ 경찰청 교통범칙금, 대학등록금은 인터넷으로 납부 가능한 공과금에 해당한다.

정답 및 해설

01 ④ 전자금융은 고객이 이용할 수 있는 전자금융서비스 채널의 다양화를 통해 고객의 영업점 방문횟수를 감소시킴으로써 금융기관에게는 효율적인 창구운영의 기회를 제공하게 된다.
02 ① (나) 제1단계 : PC기반 금융업무 자동화
(라) 제2단계 : 네트워크 기반 금융전산 공동망화
(가) 제3단계 : 인터넷 기반 금융서비스 다양화
(마) 제4단계 : 모바일 기반 디지털금융 혁신화
(다) 제5단계 : 신기술 기반 금융IT 융합화
03 ① ㄷ. 창구거래보다 이용 수수료도 저렴하다.
ㄹ. 금융거래에 필요한 종이 사용량이 크게 감소하여 관리비용과 거래건당 처리비용을 크게 낮출 수 있다.
04 ④ 대학등록금은 인터넷으로 납부 가능한 공과금에 해당한다.

05 **다음은 인터넷 뱅킹에 대한 설명이다. 옳은 것을 모두 고르시오.**

보기

ㄱ. 인터넷뱅킹은 개인 고객과 기업 고객(법인, 개인사업자)으로 서비스가 구분된다.
ㄴ. 계좌이체 및 조회서비스를 이용할 고객은 인증서를 발급받아야 서비스를 이용할 수 있다.
ㄷ. 외화 환전이나 해외 송금의 경우에도 수수료 우대 혜택이 제공되며 예금 및 대출 상품가입 시 우대 금리가 적용된다.
ㄹ. 2020년 전자서명법 개정안이 시행되어 공동인증서의 법적 지위가 상실되었고 기존 인증 업체들은 '공인인증서'로 명칭을 변경하여 계속 서비스를 제공하고 있다.

① ㄱ, ㄴ
② ㄱ, ㄷ
③ ㄴ, ㄹ
④ ㄷ, ㄹ

06 **모바일뱅킹에 대한 설명으로 옳지 않은 것은?**

① 국내 모든 시중은행들이 자체 앱(App)을 통해 스마트폰 뱅킹서비스를 제공하고 있다.
② 은행에서 제공하는 모바일뱅킹 서비스는 기본적으로 통신회사의 무선통신회선을 기반으로 고객정보와 금융서비스 거래과정 전반을 은행이 관리하는 것을 기본 구조로 하고 있다.
③ 서비스의 내용 측면에서 인터넷뱅킹 서비스에 포함되는 것으로 보이지만 공간적 제약과 이동성 면에서 큰 차이가 있다.
④ 스마트폰뱅킹은 해킹의 위험성 때문에 조회, 이체, 상품가입 등 기본 업무에 한정되는 것이 일반적이다.

07 **다음은 텔레뱅킹에 대한 설명이다. 옳은 것을 모두 고르시오.**

보기

ㄱ. 실명확인증표가 있는 개인(외국인, 재외교포 포함) 및 기업이면 누구나 이용 가능하다.
ㄴ. 단본인의 수시입출식 예금계좌(보통, 저축, 기업자유, 가계당좌, 당좌예금)가 있어 출금계좌로 지정할 수 있어야 하며, 금융기관 영업점에 신청해야 한다.
ㄷ. 각종 조회・분실신고 등은 거래은행에 별도의 신청을 통해 이용이 가능하다.
ㄹ. 텔레뱅킹은 사생활 침해를 방지하기 위해서 도・감청 보안솔루션을 제공하지 않는다.

① ㄱ, ㄴ
② ㄱ, ㄷ
③ ㄴ, ㄹ
④ ㄷ, ㄹ

08 CD/ATM에 대한 설명으로 옳지 않은 것은?

① 무매체 거래는 고객이 사전에 금융기관에 신청하여 무매체 거래용 고유승인번호를 부여 받은 뒤 CD/ATM에서 주민등록번호, 계좌번호, 계좌비밀번호, 고유승인번호를 입력하여 각종 금융서비스를 이용할 수 있는 거래를 의미한다.
② 보이스피싱 피해 방지를 위해 수취계좌 기준 1회 100만 원 이상 이체금액에 대해 CD/ATM에서 인출 시 입금된 시점부터 60분 후 인출 및 이체가 가능하도록 하는 지연 인출제도가 시행되고 있다.
③ 현금서비스 한도는 각 신용카드 발급사가 개별고객의 신용도에 따라 정하고 있다.
④ 보이스 피싱 방지를 위해 근 1년간 CD/ATM을 통한 계좌이체 실적이 없는 고객에 한하여 1일 및 1회 이체한도를 각각 70만 원으로 축소하였다.

09 〈보기〉에서 CD/ATM의 이용매체에 대한 설명으로 옳은 것을 모두 고른 것은?

보기

ㄱ. 모바일뱅킹용 금융IC칩이 내장된 휴대폰으로도 거래금융기관뿐만 아니라 다른 금융기관의 CD/ATM에서도 금융거래를 이용할 수 있다.
ㄴ. 비접촉식의 주요 생체인식 수단은 지문, 손가락 정맥이며, 접촉식은 홍채, 손바닥 정맥이다.
ㄷ. 무매체 거래는 개인정보 등이 유출될 경우 타인에 의한 예금 부정인출 가능성이 있다.
ㄹ. 무매체 거래는 다른 은행의 CD/ATM에서도 제한없이 이용 가능하다.

① ㄱ, ㄴ
② ㄱ, ㄷ
③ ㄴ, ㄹ
④ ㄷ, ㄹ

정답 및 해설

05 ② ㄴ. 조회서비스만 이용할 고객은 공동인증서 발급 없이도 조회서비스를 이용할 수 있다.
ㄹ. 2020년 전자서명법 개정안이 시행되어 공인인증서의 법적 지위가 상실되었고 기존 인증 업체들은 '공동인증서'로 명칭을 변경하여 계속 서비스를 제공하고 있다.

06 ④ 스마트폰뱅킹은 휴대성, 이동성 및 개인화라는 매체적 특성을 활용한 조회, 이체, 상품가입 등 기본 업무에 한정되던 것에서 최근 부동산담보대출 등의 고관여 업무까지 범위를 확장하며 비대면의 한계를 극복하고 있다.

07 ① ㄷ. 각종 조회·분실신고 등은 거래은행에 별도의 신청절차 없이 비밀번호 입력만으로 이용이 가능하다.
ㄹ. 텔레뱅킹은 일반전화 회선을 통해 금융거래 내역이 송·수신되기 때문에 각 금융기관에서는 도청 등 보안상 취약점을 방지하기 위해 텔레뱅킹 도·감청 보안솔루션을 도입하고 있다.

08 ② 보이스피싱 피해 방지를 위해 수취계좌 기준 1회 100만 원 이상 이체금액에 대해 CD/ATM에서 인출 시 입금된 시점부터 30분 후 인출 및 이체가 가능하도록 하는 지연 인출제도가 시행되고 있다.

09 ② ㄴ. 접촉식의 주요 생체인식 수단은 지문, 손가락 정맥이며, 비접촉식은 홍채, 손바닥 정맥이다.
ㄹ. 무매체 거래는 다른 은행의 CD/ATM에서는 이용할 수 없다는 단점이 있다.

10 **CD/ATM 제공 서비스에 대한 설명으로 옳지 않은 것은?**

① 현재 1회 인출한도(100만 원 이내) 및 1일 인출한도(600만 원 이내)는 금융위원회의 전자금융감독규정이 정한 한도금액 내에서 예금계좌 개설은행이 정하여 운영한다.
② CD/ATM의 계좌이체 기능을 이용한 전화금융사기(일명 '보이스피싱') 사건의 증가로 인한 피해를 최소화하기 위하여 최근 1년간 CD/ATM을 통한 계좌이체 실적이 없는 고객에 한하여 1일 및 1회 이체한도를 각각 70만 원으로 축소하였다.
③ 1회 이체가능금액(600만 원 이내) 및 1일 이체가능금액(3,000만 원 이내)은 금융위원회의 전자금융감독규정이 정한 한도금액 내에서 각 은행이 정하여 운영하고 있다.
④ 보이스피싱 피해 방지를 위해 수취계좌 기준 1회 100만 원 이상 이체금액에 대해 CD/ATM에서 인출 시 입금된 시점부터 60분 후 인출 및 이체가 가능하도록 하는 지연 인출제도가 시행되고 있다.

11 **다음은 카드에 대한 설명이다. 옳은 것을 모두 고르시오.**

보기
ㄱ. 하이브리드 체크카드는 회원이 지정한 일정금액 이하의 거래는 체크카드로 결제되고, 초과거래는 신용카드로 결제하는 카드이다.
ㄴ. 기명식 선불카드는 카드실물에 회원의 성명이 인쇄되어 있거나 신용카드업자 전산에 회원으로서의 정보가 존재하여 발급 이후에 양도가 불가능하다.
ㄷ. 기명식 선불카드는 최고 800만 원까지 충전할 수 있다.
ㄹ. 신용카드는 신용공여에 기반을 둔 후불결제방식을, 직불카드는 예금계좌를 기반으로 한 즉시결제방식을 이용한다는 점이다.

① ㄱ, ㄴ
② ㄱ, ㄷ
③ ㄴ, ㄹ
④ ㄷ, ㄹ

12 **〈보기〉에서 신용카드에 대한 설명으로 옳은 것을 모두 고른 것은?**

보기
ㄱ. 신용카드는 현금, 어음·수표에 이어 제3의 화폐라고도 불린다.
ㄴ. 전업카드사는 신용카드업을 영위하는 자 중에서 금융위원회의 신용카드업 허가를 득한 자로서 신용카드업을 주로 영위하는 자이다.
ㄷ. 가족카드별로 한도를 별도로 지정할 수는 없다.
ㄹ. 공용카드 신청서의 카드 서명 란에는 카드를 실제로 사용하게 될 임직원의 서명을 기재한다.

① ㄱ, ㄴ
② ㄱ, ㄷ
③ ㄴ, ㄹ
④ ㄷ, ㄹ

13 다음은 신용카드에 대한 설명이다. 옳은 것의 개수는?

보기

ㄱ. 신용카드는 카드발급기관의 성격에 따라 전업카드사와 겸업카드사, 각 카드사는 은행계와 기업계 카드사 등으로 구분할 수 있다.
ㄴ. 신용카드 회원은 개인회원과 기업회원으로 구분된다.
ㄷ. 기업개별카드(사용자 지정카드)는 기업회원이 특정 이용자를 지정한 카드로 발급받은 기업 또는 법인의 지정된 임직원에 한하여 사용할 수 있는 권리가 부여된 카드를 말한다. 카드의 앞면에 사용자의 영문명이 기재되어 있고 카드에 성명이 기재된 임직원만 그 카드를 사용할 권한이 있다.
ㄹ. 리볼빙결제 방식은 카드이용대금 중 사전에 정해져 있는 일정금액 이상의 건별 이용금액에 대해서 이용금액의 일정비율을 결제하면 나머지 이용 잔액은 다음 결제대상으로 연장되는 방식이다.

① 1개
② 2개
③ 3개
④ 4개

14 체크카드에 대한 설명으로 옳지 않은 것은?

① 체크카드 발급 시 기본적으로 하이브리드 체크카드 포함하여 발급과정에서 별도의 결제능력을 심사하지 않는다.
② 체크카드는 일시불 이용만 가능하고 할부 및 단기카드대출(현금서비스) 이용은 불가능하다.
③ 체크카드는 지불결제 기능을 가진 카드로서 카드거래 대금은 체크카드와 연계된 고객의 예금계좌 범위 내에서 즉시 인출된다.
④ 체크카드를 이용할 수 있는 이용한도는 1회, 1일, 월간으로 정할 수 있다.

정답 및 해설

10 ④ 보이스피싱 피해 방지를 위해 수취계좌 기준 1회 100만 원 이상 이체금액에 대해 CD/ATM에서 인출 시 입금된 시점부터 30분 후 인출 및 이체가 가능하도록 하는 지연 인출제도가 시행되고 있다.
11 ③ ㄱ. 하이브리드 신용카드는 회원이 지정한 일정금액 이하의 거래는 체크카드로 결제되고, 초과 거래는 신용카드로 결제하는 카드이다. 하이브리드체크카드는 소액범위 내에서 신용카드로 결제한다.
ㄷ. 기명식 선불카드는 최고 500만 원까지 충전할 수 있다.
12 ① ㄷ. 가족카드별로 한도를 별도로 지정할 수도 있다.
ㄹ. 공용카드 신청서의 카드 서명란에는 카드를 실제로 사용하게 될 임직원의 서명을 기재하는 것이 아니라 법인명 또는 기업명을 기재하며, 카드를 사용할 경우 매출전표에는 사용자의 서명을 기재해야 한다.
13 ④ 모두 옳은 설명이다.
14 ① 체크카드 발급 시 기본적으로 하이브리드 체크카드를 제외하고는 신용공여기능이 없기 때문에 발급과정에서 별도의 결제능력을 심사하지 않는다.

15 **체크카드에 대한 설명으로 옳지 않은 것은?**

① 하이브리드 체크카드를 제외하고는 신용공여기능이 없기 때문에 발급과정에서 별도의 결제 능력을 심사하지 않는다.
② 체크카드가 Visa, Master 등 해외사용브랜드로 발급된 경우에는 해외에서 물품구매 및 현지 통화로 예금인출도 가능하다.
③ 체크카드는 일시불 이용만 가능하고 할부 및 단기카드대출(현금서비스) 이용은 불가능하다.
④ 하이브리드 체크카드는 회원이 지정한 일정금액 이하의 거래는 체크카드로 결제되고, 초과 거래는 신용카드로 결제한다.

16 **〈보기〉에서 선불카드에 대한 설명으로 옳은 것을 모두 고른 것은?**

보기

ㄱ. 개인 신용카드로 구매 및 충전할 수 있는 이용한도는 1인당 월 최대 100만 원(선불카드 금액과 상품권금액 합산)이다.
ㄴ. 선불카드 잔액 환불은 「전자금융거래법」 제19조 및 「선불카드 표준약관」등에 따라 천재지변으로 사용하기 곤란한 경우, 선불카드의 물리적 결함, 선불카드 발행 권면금액 또는 충전액의 30/100(1만 원권 이하의 경우 40/100) 이상 사용한 경우 가능하다.
ㄷ. 기명식 선불카드는 카드실물에 회원의 성명이 인쇄되어 있거나 신용카드업자 전산에 회원으로서의 정보가 존재하여 발급이후에 양도가 불가능하다.
ㄹ. 기명식 선불카드의 경우 양도 가능하므로 뇌물 등의 수단으로 악용되는 것을 방지하기 위해 「여신전문금융업법 시행령」 및 「선불카드 표준약관」에서 충전 금액 한도를 최고 30만 원으로 제한하고 있다.

① ㄱ, ㄴ
② ㄱ, ㄷ
③ ㄴ, ㄹ
④ ㄷ, ㄹ

정답 및 해설

15 ④ 하이브리드 신용카드는 회원이 지정한 일정금액 이하의 거래는 체크카드로 결제되고, 초과 거래는 신용카드로 결제한다.

16 ② ㄴ. 선불카드 잔액 환불은 「전자금융거래법」 제19조 및 「선불카드 표준약관」등에 따라 천재지변으로 사용하기 곤란한 경우, 선불카드의 물리적 결함, 선불카드 발행 권면금액 또는 충전액의 60/100(1만 원권 이하의 경우 80/100) 이상 사용한 경우 가능하다.
ㄹ. 기명식 선불카드의 경우 양도 가능하므로 뇌물 등의 수단으로 악용되는 것을 방지하기 위해 「여신전문금융업법 시행령」 및 「선불카드 표준약관」에서 충전 금액 한도를 최고 50만 원으로 제한하고 있다.